导读图

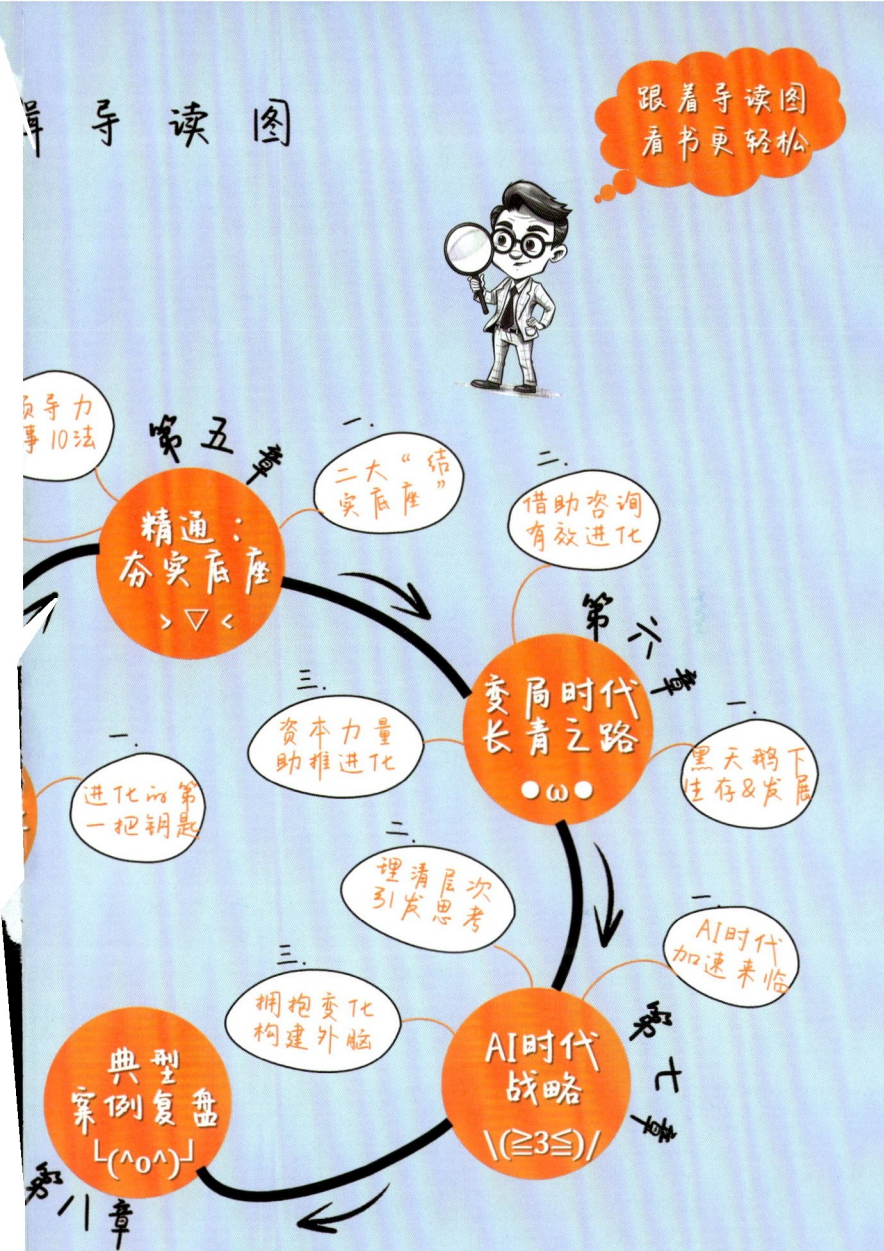

跟着导读图 看书更轻松

第五章 精通：夯实底座
- 一、二大"结实底座"
- 二、借助咨询有效进化
- 三、资本力量助推进化
- 进化的第一把钥匙
- 领导力事10法

第六章 变局时代长青之路
- 一、黑天鹅下生存&发展
- 二、理清层次引发思考
- 三、拥抱变化构建外脑

第七章 AI时代战略
- 一、AI时代加速来临

第八章 典型案例复盘

和君原创 ECIRM

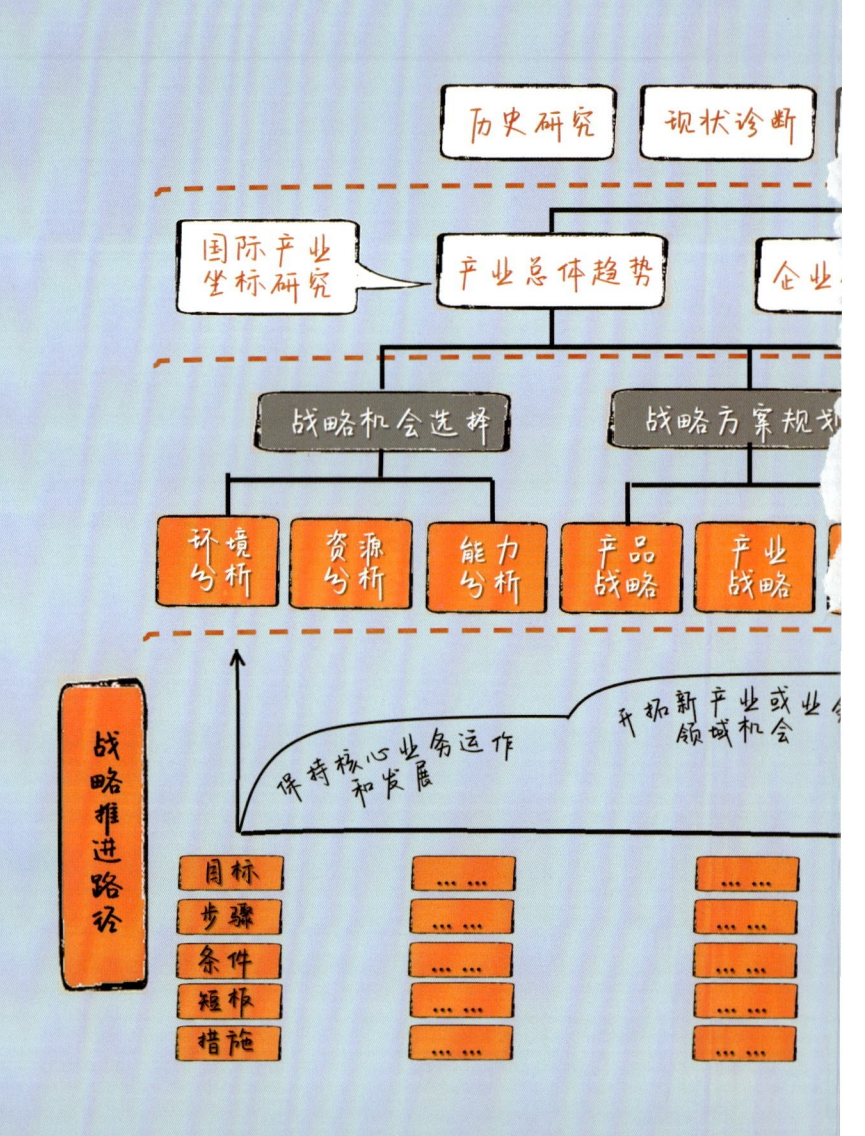

- 历史研究
- 现状诊断

国际产业坐标研究 → 产业总体趋势 → 企业……

战略机会选择 | **战略方案规划**

| 环境分析 | 资源分析 | 能力分析 | 产品战略 | 产业战略 |

战略推进路径

- 保持核心业务运作和发展
- 开拓新产业或业务领域机会

目标	……	……
步骤	……	……
条件	……	……
短板	……	……
措施	……	……

战略分析模型

哇！战略模型
——原创分享

团队判断

解决战略提升的内生力

创新趋势 — 国内企业经验研究

解决战略方案的方向性

战略实施保障

解决战略方案的支撑点

资本战略 | 组织设计 | 人力资源 | 财务目标

实现愿景目标

解决战略实施的执行力

战略规划

......
......
......
......
......

本书逻辑

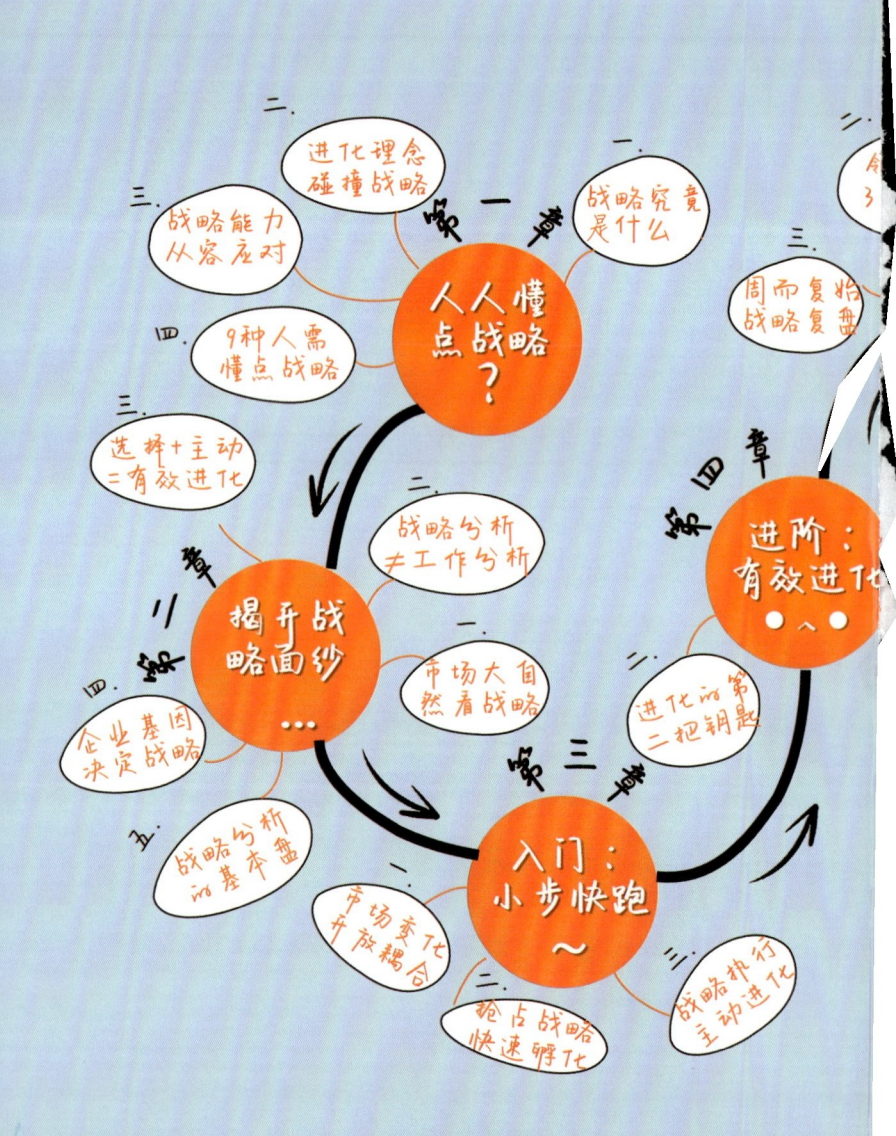

第一章 人人懂点战略？
- 一. 战略究竟是什么
- 二. 进化理念碰撞战略
- 三. 战略能力从容应对
- 四. 9种人需懂点战略

第二章 揭开战略面纱
- 一. 战略分析≠工作分析
- 二. 市场大自然看战略
- 三. 选择+主动=有效进化
- 四. 企业基因决定战略
- 五. 战略分析的基本盘

第三章 入门：小步快跑～
- 一. 市场变化开放耦合
- 二. 抢占战略快速孵化
- 三. 战略执行主动进化

第四章 进阶：有效进化
- 一. 自3
- 二. 进化ing第二把钥匙
- 三. 周而复始战略复盘

图解战略分析
——战略进化的逻辑、方法和案例

蔡晓华 郑 纶 张晓梅 著

中国水利水电出版社
www.waterpub.com.cn
·北京·

内 容 提 要

本书是专门为战略知识学习企业管理人士编写的实用战略案头书。生动有趣的文字＋幽默好玩的插图+简洁的图表＝轻轻松松提高战略智商。

本书通过使用简洁幽默的插图和深入浅出的文字来解说复杂的战略分析，使人们能够以一种极富创意的方式理解其内核理念；本书既是学习战略分析的有效工具，也能让阅读战略分析充满乐趣——把深奥难懂的战略分析以幽默的漫画和简洁的图表的方式讲明白、说透彻，让每个人听得懂、用得上！

图书在版编目（CIP）数据

图解战略分析：战略进化的逻辑、方法和案例 / 蔡晓华，郑纶，张晓梅著．—北京：中国水利水电出版社，2024.4

ISBN 978-7-5226-2403-7

Ⅰ.①图… Ⅱ.①蔡… ②郑… ③张… Ⅲ.①企业战略—图解 Ⅳ.① F272-64

中国国家版本馆 CIP 数据核字（2024）第 066245 号

选题策划：陈正侠

书 名	图解战略分析——战略进化的逻辑、方法和案例 TUJIE ZHANLÜE FENXI —— ZHANLÜE JINHUA DE LUOJI　FANGFA HE ANLI
作 者	蔡晓华　郑纶　张晓梅 著
出版发行	中国水利水电出版社 （北京市海淀区玉渊潭南路1号D座 100038） 网址：www.waterpub.com.cn E-mail：zhiboshangshu@163.com 电话：（010）62572966-2205/2266/2201（营销中心）
经 售	北京科水图书销售有限公司 电话：（010）68545874、63202643 全国各地新华书店和相关出版物销售网点
排 版	北京智博尚书文化传媒有限公司
印 刷	河北文福旺印刷有限公司
规 格	148mm×210mm　32开本　8.25印张　145千字
版 次	2024年4月第1版　2024年4月第1次印刷
印 数	0001—3000册
定 价	88.00元

凡购买我社图书，如有缺页、倒页、脱页的，本社营销中心负责调换

版权所有·侵权必究

推 荐 语

　　人生如莲，人生就像是睡莲，成功是浅浅地浮在水面上那朵看得见的花，而决定其美丽绽放的是水面下那些看不见的根和本。志轻者，追慕那水面上看得见的芳华；志雄者，致力于那水面下看不见的根本。莲花绽放，动人心魄，观者如云，岂知绚烂芳华的背后是长久的寂寞等待和生根固本。这本《图解战略分析——战略进化的逻辑、方法和案例》，犹如是深入水底下生根、浅出水面上绽放的一枝新莲，清新雅逸，楚楚动人。谨此推荐！

　　　　　　　　　　——和君集团董事长、和君小镇创建人王明夫

　　《图解战略分析——战略进化的逻辑、方法和案例》通过使用简洁幽默的插图和深入浅出的文字来解释复杂的战略分析，从而使我们能够以一种极富创意的方式理解其内核理念。

这本书既是学习战略分析的有效工具，也能让阅读战略分析充满乐趣。我期待读者在这本书中，找到属于自己的那一份乐趣，那一份智慧，那一份勇气，更带来一份激情，就像本书火红的封面一样激发你们的战略热情，引领你们的职业生涯，并在本书的启发下，去探索战略分析的奇妙世界！

——和君咨询董事长王丰博士

作者超越战略的抽象，用平直而不失诙谐的语风、画风，将博大的战略思维娓娓道来，如一场面对面的心灵交流，清风拂面，可亲喜闻，又可触可用，直达根本。而这些，都来自作者数十年企业管理的实践深耕、战略陪跑的积累升华，以及独特文风的涵养积淀……无论读者在初读此书时，还是日后因需要查阅时，相信能得到不同的感悟和收获，常阅常新。

——国联证券股份有限公司合规总监戴洁春

本书是非常值得企业高层管理者阅读的一本战略工具大全，各章节之间既独立又关联，书中的主要内容强调了战略的重要性，尤其是在现在瞬息万变的当下，要善于不断调整战略才有可能生存下来。对产品、服务、组织、管理等进行进化，这本书的切入点也很多，角度也很多元，读者如果能结合实际情况，既纵览全局，又能突出重点，着力抓手，倒逼企业转型升级，必会事半功倍。

——某跨国纸业集团市场总监陆锋

战略思维已经成为一个管理者的标配和必选项,本书是任何想要制订有效战略的人的宝贵工具。本书提供了一个专业全面的战略分析框架,可帮助读者轻松走进战略分析这个深奥大门,由此制订有效的行动计划并实现战略目标。本书让我们既可在愉快阅读中增长见识和见解,亦可掩卷深思,强化信心,穿越迷雾,找到规律,找到出路,顺天应道,永不懈怠!合卷沉思,特以为荐!

——国家发展和改革委员会PPP专家库专家、上海飞乐投资董事长刘正奇

代 序 一
战略学是如何形成的

不谋全局者，不足谋一域。一个企业，倘若不处在战略管理状态，则注定没有未来。企业战略管理，就是谋企业生存与发展的全局，从全局和系统上掌舵和驾驭企业走向未来。

战略是如此重要，以至于古往今来的无数学者、咨询家和实践家都思索和探究它，并提出各种战略理论和工具，形成各种学说和方法。

在中国，思想史发轫时期，就诞生了《易经》《鬼谷子》《孙子兵法》等战略思维的顶峰之作。元末明初诞生的《三国演义》，纵然是小说，也不啻是一部经典战略学。

在西方，战略管理思想有着清晰的演变脉络。20世纪60年代以前为萌芽阶段，重要的标志是法约尔提出的管理五项职能：计划、组织、指挥、协调和控制等。这是企业管理的系统思维。20世纪50年代,美国的商学院和管理学院开始开设"企业政策"课程,标志着战略管理课程开始进入大学的科班教育体系。

20世纪六七十年代是战略管理理论的成型阶段：1962年,Alfred D.Chandler出版《战略与结构：美国工业企业历史的篇章》是战略管理学的奠基之作；1965年,E. P. Learned、C. R. Christensen、K. Andrews和W. Guth合著出版《经营策略：内容与案例》,首次提出了著名的战略分析思维——SWOT（Strengths Weaknesses Opportunities Threats）分析；1965年,H.Igor Ansoff出版《公司战略》,初步形成了企业战略管理的理论框架。

1977年,Alfred D.Chandler在美国匹兹堡大学指出,战略管理作为一门学科,应包括6个方面：目标形成及制订、环境分析、战略制订、战略评价、战略实施和战略控制。这标志着战略管理开始成为一门正式学科。20世纪70年代末,美国500强企业已接近一半采用以组合分析为基础的正式战略管理。

20世纪80年代是战略管理理论的发展阶段。这个阶段有两个突出的现象：

第一,咨询公司崛起,战略管理咨询发展迅速,横扫企业界。

第二,哈佛大学商学院教授Michael E.Porter出版**竞争战略三部曲**《竞争战略》(1980年)、《竞争优势》(1985年)和

《国家竞争优势》（1990年），这三部曲风靡全球，以Michael E.Porter为代表的竞争战略学派独领风骚。

20世纪90年代及以后，是战略理论丛林阶段，越来越多的管理学家和经济学家加入这个领域，最终形成Henry Mintzberg在其名著<u>《战略的历程》</u>中所说的十大战略学派：设计学派、计划学派、定位学派、企业家学派、认知学派、学习学派、权力学派、文化学派、环境学派和结构学派。

特别值得一提的是，在公司战略管理理论、工具和实践推广的历史进程中，管理咨询公司是一支生力军，作出了重要的贡献。很多纲举目张又实用有效的战略思维和工具，都是由咨询公司在管理咨询实践中提出来的，比如，**麦肯锡的7S模型和七步分析法，波士顿咨询集团的BCG矩阵和三四矩阵，和君咨询有限公司的ECIRM战略模型、产融互动曲线和Smart产业分析模型**等，一一都堪称经典。

企业战略管理学经过百年发展，终于洋洋大观：战略理论流派纷呈，战略学著作汗牛充栋，战略工具库琳琅满目。我是中国人民大学的经济学博士，从事战略咨询二十多年（2000年在北京创建"和君咨询有限公司"，直到至今），纵然凭我这样的学历和经历，也难以深入掌握战略学之堂奥。有没有一本书，能够以深入浅出、轻松有趣的方式，呈现出战略学的思想精髓和战略管理的最常用工具模型呢？

有的，蔡晓华的这本《图解战略分析——战略进化的逻辑、方法和案例》（以下简称《图解战略分析》），就是这样的一本书。**本书别开生面，以生动的插图、漫画的风格、风趣的语言，释读战略分析的关键概念和常用工具，用幽默和图解来直观战略分析，阅读体验既轻松愉悦，又发人深思。**

蔡晓华，和君咨询有限公司的合伙人，工作上是我多年的老同事，生活上是我在和君小镇耕读村的好邻居。他原来做医师，后来做企业高管，再后来加入和君咨询做合伙人，主要从事战略规划和企业文化咨询，更有意思的是，**他还擅长漫画和创意设计，真是多才多艺。**

我在建设和布置和君小镇的过程中，需要创意设计、审美取舍和文创产品，经常劳请蔡晓华出手帮忙，他从来是有求必应，每每出手不凡。他和夫人长居上海几十年，却在山野林间的和君小镇购房安了家，作为山居生活的第二居所。

有一次，我请他和夫人到我在上海的家里吃饭聊天，闲聊时他和夫人说的一段话语，让我久久难忘，隐隐地打动了我。他们说：什么是好房子？在回家的路途中有一种欢欣鼓舞的感觉，那就是好房子，每次从上海去和君小镇的路途中，就有这种欢欣鼓舞的回家感觉。

人生如莲：人生就像是睡莲，成功是浅浅地浮在水面上那朵看得见的花，而决定其美丽绽放的是水面下那些看不见的根和本。 志轻者，追慕那水面上看得见的芳华；志雄者，致力于那水面下看不见的根本。莲花绽放，动人心魄，观者如云，岂知绚烂芳华的背后是长久的寂寞等待和生根固本？蔡晓华的这本《图解战略分析》，犹如深入到水底下生根、浅出水面上绽放的一枝新莲，清新雅逸，楚楚动人。

谨此推荐！

和君集团董事长
和君商学院院长
2023 年 7 月 28 日，于和君小镇

代 序 二

当今世界正经历百年未有之大变局,商业世界更是处于一个风云变幻的时期,商业竞争越来越像是一场场求生存、谋发展、不断进化的"商战"。在这个平衡复杂因素、对抗无常变化的商战领域内,战略分析成了决定胜负的关键。然而,战略分析的密集理论和复杂模型却对许多企业家和高管构成了一定的挑战。

我常年在战略咨询的一线实践,面对企业家和高管的困惑:战略分析真的只能是冗长、繁杂和枯燥的吗?我们是否能通过一种全新的方式,以简洁、生动、有趣的方式来理解和描绘战略分析呢?

于是,由和君咨询有限公司同事撰写的《图解战略分析》这本书进入了我们的视线。

《图解战略分析》为我们提供了一个耳目一新的答案:书中通过简洁幽默的插图和深入浅出的文字来解说复杂的战略分析,从而使我们能够以一种极富创意的方式理解其内核理念。这本书中提供的思想和方法,既是学习战略分析的有效工具，也是一种让阅读战略分析充满乐趣的方式之一。

当前包括中国在内的全球人工智能发展的速度已远远超出了世人的预期，这个巨大的变化对整个人类社会和商业世界究竟意味着什么？现在还不清楚，大家只是憋着一股劲埋头发展，我相信，未来对人类社会一定会产生深刻变化……

未来，随着人与机器的情感链接越来越紧密，一大堆"虚拟人物"会大行其道，大家会为一些"卡通人物"而买单，二次元经济有非常广阔的前景，这必然对我们的商业世界产生一系列的影响。《图解战略分析》一书里的插图漫画既运用了人工智能技术进行创作，也对未来越来越热的"二次元经济"给出了自己的注脚。

当然，**《图解战略分析》并没有忽视战略分析的理论严谨性和实践价值**。它在遵循战略分析基本内涵的基础上，努力让读者在轻松、愉快的气氛中理解战略分析的重要性和内涵。这样，我们的阅读过程也就变得轻松和富有趣味性。

《图解战略分析》这本书从经典战略管理的理念出发，崇尚实践和经验的积累，倡导辩证的思维方式，强调战略实证，使得这本书不仅仅是一本战略分析工具书，而且也是一本融合了传统战略智慧和现代商业理念的实践指南，更展示了作者对于以人工智能为代表的"环境突变"对未来商业社会可能带来何种变化的思考，以及对于全新未来的战略应对策略的前瞻性分析。

《图解战略分析》是一本彰显中国企业家智慧和勇气的

书，同时也是一幅引导我们在商战的大潮中建立中国式现代化企业管理破浪前行的必备航海图。

在此，我向你们推荐这本书，希望你们能在阅读《图解战略分析》的过程中，找到属于自己的战略分析的真谛，同时也能感受到阅读的乐趣。在这个过程中，你会发现，即使是最复杂、最艰深的业务知识，也能通过一种全新、富有创意的方式得到理解和掌握。

我期待你们能在《图解战略分析》一书中，找到属于自己的那一份乐趣，那一份智慧，那一份勇气，更带来一份激情，就像本书火红的封面一样：

火是向上的，给人类带来温暖和光明。面对人口负利时代，我们更是要坚定地向前走，放下功利至上的内卷，走向"品质升级＋科技驱动＋精神满足"的持久发展的战略之路。"一点浩然气，千里快哉风"，人立天地间，当养浩然正气。

总的来说，让《图解战略分析》一书激发你们的战略分析热情，引领你们的职业生涯，同时，希望你们能享受阅读此书并在此书的启发下，去探索战略分析的奇妙世界！

和君咨询有限公司董事长

2023 年 7 月 18 日，于成都

目 录

推荐语
代序一　战略学是如何形成的
代序二

第一章　人人应懂点战略 ... 001

一、战略究竟是什么 ... 002
　　1. 企业就像生命体，优胜劣汰躲不了 ... 004
　　2. 寒气来袭，唯有主动进化才能生存 ... 005
二、进化理念碰撞企业战略，展现发展本质 ... 006
　　1. 现阶段外部因素巨变是企业战略的决定因素 ... 006
　　2. "跨周期、活下去"成为企业长期的刚需 ... 007
三、战略能力让你从容应对变化 ... 008
四、物竞天择，9种人需要懂点进化战略 ... 011
　　1. 企业管理者务必懂战略 ... 012
　　2. 财务人员应读懂战略 ... 014
　　3. 投资者不能不懂战略 ... 016
　　4. 股东应熟悉战略 ... 018

5. 供应商需要看战略 ………………………………… 020
6. 合作商需要看战略 ………………………………… 022
7. 竞争对手要分析战略 ……………………………… 023
8. 客户需要了解战略 ………………………………… 026
9. 公司员工也要懂点战略 …………………………… 028

第二章 适者生存，揭开战略分析的面纱 ………… 033

一、从"市场大自然"里看战略 ……………………… 034
二、战略分析不是工作分析 …………………………… 036
三、"路径选择"+"主动进化"="有效进化" ……… 038
1. 企业战略的本质是选择进化的路径 ……………… 039
2. 企业不停地优化自己的内在，主动进化 ………… 039
四、决定战略的企业基因有哪些 ……………………… 039
1. 产业基因：顺应时代的产业大势 ………………… 041
2. 文化基因：定型企业内部的气质 ………………… 041
3. 制度基因：以制度护航企业的发展 ……………… 042
五、战略分析的基本盘有哪些 ………………………… 043
1. 战略环境的核心要素是什么 ……………………… 043
2. 战略目标是怎么算出来的 ………………………… 046
3. 战略成本包括哪些 ………………………………… 049
4. 战略毛利是什么 …………………………………… 051
5. 战略制订与计划制订一样吗 ……………………… 054
6. 战略领导力是怎样形成的 ………………………… 055
7. 战略评估如何展开 ………………………………… 056
8. 战略执行又是什么 ………………………………… 058
9. 战略复盘不可或缺，为何老缺 …………………… 058

第三章　入门：开启小步快跑的"有效进化" 061

一、从"开放"到"主动"，形成企业的"弹性"，强化进化的力量 062
二、企业战略进化的三大阶段 069
1. 敏锐地观察市场的变化——开放耦合 069
2. 抢占巨变中的战略先机——快速孵化 071
3. 落实战略规划的执行——主动进化 071

第四章　进阶：两把钥匙帮助企业实现"有效进化" 073

一、选择路径，企业进化的"第一把钥匙" 074
1. 环境扫描要清晰：分清环境是渐变还是突变（开放耦合阶段的重点） 074
2. 市场洞察要全面：因势利导，才能事半功倍 080
3. 创新焦点要聚焦：找到企业"基因突变"的大方向 086
4. 进化意图要明确：厘清自身战略与环境变化的内在逻辑 094
5. 业务设计要靠谱：准确排列出未来重点发展的模块领域 097
6. 资源组合要高效：提高企业基因突变的效率、准确率与成功率 098

二、主动进化，企业进化的"第二把钥匙" 101
1. 文化塑魂：价值观在无形中改变所有人 101
2. 责任落实：完成从战略到战术的拆解，责任落实到团队和个人，列出关键路径和关键人物 109
3. 组织迭代：创建适应新环境的组织架构 111

4. 激励匹配：建立责任与收获相匹配的激励制度，激发员工的内驱力 113

5. 人才整合：明确并细化企业跨周期的人才规划，并开展相应的招聘与培养 120

6. 品牌升级：构建全新的品牌体系，以适应未来的战略目标市场 124

第五章 精通：夯实战略底座，巩固有效进化根本 127

一、两大"结实底座"：战略领导力+战略复盘 128
1. 战略领导力 128
2. 战略复盘 129

二、贯彻始终的领导力的"3事"与"10法" 132
1. "领导力"只是"抓管理"，那就错了 132
2. 领导力最关键的3件事 135
3. 提升领导力的妙用10法 142

第六章 变局时代，如何基业长青 151

一、黑天鹅加速来临，怎样生存，如何发展 152
二、汇智成城：第三方咨询赋能"有效进化" 153
三、产融互动：资本的力量助推"有效进化" 155

第七章 AI时代的战略前瞻 159

一、AI时代加速来临 160
1. AI赋能汽车产业：无人驾驶加速落地 162

2. AI 赋能传媒产业：降本增效、应用更丰 163
　　3. AI 赋能工业智造：智能制造或将提前实现 164
　　4. AI 赋能金融：数据应用或将成为海量金矿 165
　　5. AI 赋能科技研发：加速推进科技探索的进程 166
　　6. AI 赋能企业服务：系统化的智慧赋能 168
二、厘清层次，引发战略思考 169
　　1. 近期、中期的影响：在通用知识范畴内的全面替代 169
　　2. 长期的影响：在专业知识范畴内的全面赋能 170
三、拥抱变化，构建进化战略的外脑体系 171

第八章　典型案例复盘 175

一、战略复盘一：紧跟信息前沿科技的 A 公司 176
　　（一）新科技 + 消费升级：数实融合的大背景下的商业应
　　　　　用变局 177
　　（二）开放耦合：从"可做""能做""想做"的耦合中找出战
　　　　　略选项 180
　　　1. 产业条件：可做 180
　　　2. 资源能力：能做 183
　　　3. 使命初心：想做 184
　　（三）全力进化：主动进化思路下的战略选择 185
　　　1. 进化战略确定 186
　　　2. 进化战略准备 186
　　　3. 进化战略执行 188
　　（四）落地组织措施：以事业部的形式提升整体效能 189
二、战略复盘二：战略拉动雄起的合资 B 公司 190
　　（一）会展行业强强联合：战略复盘 + 主动进化 191

XIX

（二）战略复盘：比较战略 1.0 版遇到的新问题 192

　1. 复盘 192

　2. 快速规划 193

　3. 业务发展思路：在项目管理层面，成立决策管理委员会
　　 并建立项目立项与退出、审核与评估模型 195

　4. 创新机制建设 197

（三）赋能核心人员：企业家发展的新高度 198

（四）企业文化落地：让战略深入人心 200

三、战略复盘三：战略全新赋能的央企 C 公司 204

（一）国字号央企：浓厚的历史积淀 + 主动创新的基因 204

（二）主动进化：从详尽的调研开始 205

　1. C 公司自身的产业基因 206

　2. 外部环境的深刻变化 206

　3. C 公司内部问题扫描 209

（三）产业战略规划：立足核心城市圈、重点深耕城市大盘
　　 以及多元产业地产 211

　1. 中国城镇化大转型下的都市群、未来的房子（快速规划）... 211

　2. 地产爆发式增长结束，市场进入大分化时代（快速规划）... 211

　3. 构建以中心城市辐射都市圈战略布局（原创项目 + 进化
　　 战略明确） 211

（四）战略支撑职能：六大核心职能支撑企业未来发展（创
　　 新机制 + 进化战略执行） 212

　1. 品牌与营销 212

　2. 组织与管控 213

　3. 风险控制 215

　4. 融资优化 215

　5. 资源整合 217

  6. 企业文化 217
四、战略复盘四：拥抱 AIGC 全新效能的 D 公司 218
 （一）现有业务的产业发展趋于平缓，周期性危机隐隐浮现 ... 220
  1. 政策压力，教育减负是长期宏观导向 220
  2. 经济下行与社会层面：高竞争、老龄化、焦虑感、信息
   噪音多重因素推动产业持续发展 221
  3. 技术层面：AIGC 技术不断突破，教育领域或将成为最快
   应用场景 222
 （二）形成共识：全方位理解 AI 为企业带来的战略性变化...... 223
  1. 战略盘点：AIGC 工具能生产教育领域哪些专业性内容 223
  2. 具象应用场景：了解对企业产生的实际效能................. 225
 （三）战略分步走：初步确立近期与中期的公司发展目标 227
  1. 解决近期六大问题，力争实现公司估值翻倍 229
  2. 明确 AIGC 转型的核心原则，确保实现公司中期战略价值 230

参考文献 233

第一章

人人应懂点战略

一、战略究竟是什么

如果找一个不是从事管理工作的人,聊到"战略"一词,估计有人转身就走,修养好的人心里也是不屑:

——这是个虚无缥缈的东西,太远了,太空了,与我啥关系?

被我们视为战略启蒙老师的王志纲先生说过一句非常通俗的话:

> 战略就是"关键时刻的重大抉择"。
> ——王志纲(著名战略专家,王志纲工作室创始人)

无论是企业还是个人,难道没有"关键时刻"?没有"重大抉择"吗?

无独有偶,作者的同事王明夫先生说过:

> 审时度势,识时务者为俊杰,是企业永远的战略命题。
> ——王明夫(和君咨询、和君小镇、和君职业学院创始人)

王明夫先生在多个场合、多次表示:战略就是"方向感",企业和个人发展没有战略方向,就是没有航向的漂泊之舟……联想到公司和个人，如果是没有战略、没有方向的"无根浮萍"，还有什么意义？

战略并不是虚无缥缈的概念，它不仅关系到企业家们、高管们，甚至与日常生活中的每一个人都息息相关。从这个角度说，人人懂点战略大有裨益。

这个年代，只有懂点战略思维的人，才有可能成为人生赢家。

生命进化怎么就跨界了？

其实，生命体与企业的联系，早就出现在我们生活的方方面面：

在法律层面，我们经常看到"法人""自然人"这两个词语：法人（英语：legal person）指的是如公司、政府机关等在法律上被当作人对待的实体；自然人（英语：natural person）指的是生物学意义上的人，包括各个国籍的人。

在商业活动中，我们聊到产品、企业的生命周期，往往会比照人的不同年龄阶段而表现为导入期、成长期、成熟期和衰退期。

对应不同的阶段，生命体与企业都会面对不同外部环境的变化以及自身内部的改变，主动或被动地做出适应性的调整。就这样，生命的进化与企业的战略跨界地走到了一起。

图1.1　企业与人时时刻刻都在面对各种变化

1. 企业就像生命体，优胜劣汰躲不了

企业面对不同的生命周期，其实质是企业所处的产业阶段的变化。处在相应的阶段，内外动因都会发生根本性的变化。

一个公司的创始人要有战略眼光和战略定力，一个公司的高管要有战略领悟和战略执行力，甚至一个普通人也要有战略思维，只有这样，才能在复杂的变化面前、经受考验的时候，不会举棋不定；在需要做抉择的时候不会优柔寡断，甚至选错方向。

面对竞争中的优胜劣汰，我们无法逃避，只有用战略的思维武装自己，才能在竞争这个游戏中"一路通关"！

2. 寒气来袭，唯有主动进化才能生存

如果把每一个生命周期内的阶段作比喻的话，身处其间的企业能感受到的，是外部环境与内在动因处在一个相对稳定、和谐的"恒纪元"（注：来源于《三体》中的概念），是生命体和企业快速、稳健发展的时期。

但是，当一个生命周期的阶段即将结束，并开始转移到下一个阶段时，伴随着原有的、稳定的各种因素发生了根本性的变化，迎来了动荡的"乱纪元"（注：来源于《三体》中的概念）。

产业的升级、出生率的负增长、人口结构的老龄化，以及疫情期间人们思维与行为模式的改变，一阵阵的寒气来袭，都预示着中国商业环境会发生改变，只有主动进化，以战略思维提前审视外在环境与内在动因，并且找到符合自身的发展之路，才能应对未来的不确定性。

图 1.2　企业与个人应该怎样面对"恒纪元与乱纪元的交替、碰撞"

二、进化理念碰撞企业战略，展现发展本质

当进化理念碰撞企业的战略时，我们可以看到，两者之间其实有很多的相似之处。生物在生命周期的不同阶段，会表现出不同的行为模式；同样地，对于企业而言，在不同的生命周期阶段（见图1.3），也需要采取不同的战略。

- 在技术创新阶段，企业应该采取技术领先战略。
- 在市场成长阶段，企业应该采取产品创新战略。
- 在市场成熟阶段，企业应该采取效率提升战略。
- 在市场衰退阶段，企业应该采取品类革新战略。
- 在市场消亡阶段，企业应该采取获利退出战略。

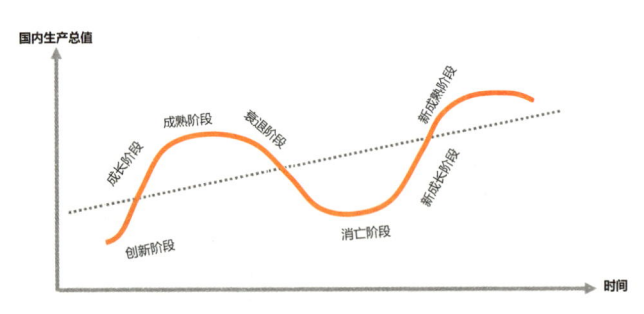

图1.3 企业生命周期的发展阶段

1. 现阶段外部因素巨变是企业战略的决定因素

我们正处在新周期的大变动时代，人口负增长叠加老龄化为代表的政治环境、经济环境、技术环境、社会文化环境

等宏观环境因素，对于企业战略的影响远大于市场需求、竞争环境、资源环境等微观环境因素的影响，改变内在基因，主动进化以适应外部环境蹚出一条生路是必然之选。

2."跨周期、活下去"成为企业长期的刚需

- 以商业利益和信息技术驱动的全球化进程已被打断

俄乌战争爆发至今，引起了一系列的连锁反应，主权国家经济上更追求独立，政治军事上更追求结盟，受当前的世界格局叠加新冠肺炎疫情的影响，世界将进入以对立、冲撞为特征的大重构新周期。

- 进入变乱交织的时代，跨周期活下去成为企业刚需

未来的社会经济发展将会是打破之前较长时间的稳定周期（成熟期），进入一种与不确定性动态碰撞、逐渐形成共生的动态新秩序周期（衰退期），中国的企业将与世界一样不可避免地进入变乱交织的时代。

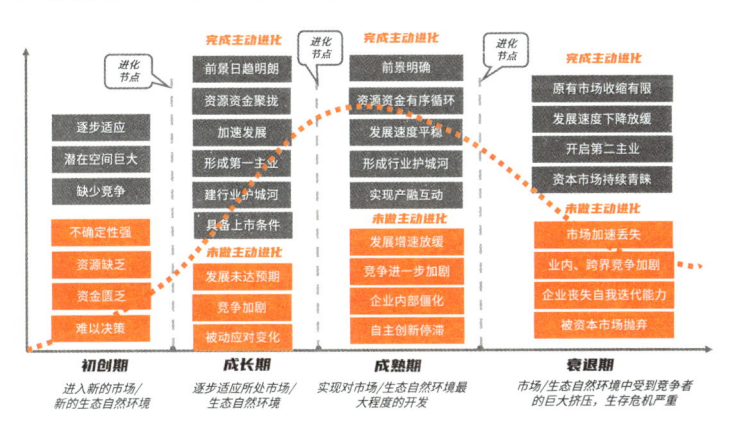

图 1.4 企业初创期、成长期、成熟期和衰退期的进化

所以，当我们融合了进化理念与企业战略后，再思考企业的发展，就具有了"主动"选择的意识，结合相应的战略模型，就能够从思想到行动、从规划到执行，完成对内在企业基因、外在发展大势的系统梳理，才能让企业避免盲目的四处求变、消耗珍贵的时间与物质成本，转而因势利导、顺势而为，唯有"主动"叠加"有效"，才能帮助企业实现真正的"进化"。

三、战略能力让你从容应对变化

图 1.5 是企业与个人战略考虑点的比较。

分类	企业战略考虑点	个人战略考虑点
资质	公司规模	收入水平
	负债率	个人及家庭的负担
	投资额	时间及财务投资
趋势	所在行业	你的职业有没有前途
	所在区域	你居住和工作的城市或地区
行动	并购拓展	计划与新人进行合作
	资源分配	是否要换个方向发展
	资本运作	花多少时间和金钱提升自己
	产品创新	工作成效能否得到社会肯定
	提高效率	时间管理是否更有效率

图 1.5 企业与个人战略考虑点的比较

围绕战略目标做事，是一个企业、一个人避免碌碌无为的主要法宝。否则，就像我们在小学学过的一篇《小猴子下山》里的小猴子一样，小猴子一会儿摘桃子，一会儿放下桃子掰玉米，一会儿放下玉米追小兔……天黑时只能两手空空回家。现在看来，这是一只没有战略思维的小猴子，它永远得不到自己想要的。

图 1.6　没有战略思维的小猴子，它永远得不到自己想要的

德鲁克说：" 战略不是预测未来，而是决定我们今天做什么才有未来。"

战略是一个组织为了实现企业长期目标所做的方向性的选择和资源的取舍，"战"是指方向，"略"是指舍弃，聚焦后才有未来和成功。

以华为为例，在过去 35 年的发展历程中，其战略相当成功。华为可以说是国内战略做得最好的企业，它的军区和兵种、蓝军和红军的设置就是用于战略对抗，淬炼其战略能力！

一般来说，战略思维要解决三个问题：在哪里（差距）、去哪里（方向、目标），以及怎么去（路径、节奏）。

> 华为对战略的理解总结为三句话——
> **看得准**：洞察透彻的战略规划能力；
> **理得清**：强大的流程组织管理能力；
> **做得到**：通人性的文化和价值分配。

任正非对战略的描述是：没有短期的成功，就没有战略的基础；而没有战略的远见、没有清晰的目光，短期努力就会徒劳无功。

图 1.7　面朝黄土背朝天的农民也需要战略思维

1997年，是华为成立后的第十个年头，总员工人数突破了 6000 人，公司内部出现了一系列官僚主义、论资排辈等"大公司病"，任正非意识到，华为需要通过战略引领"进化"的关键点到了，华为急需一场彻底的、主动的改革。

通过引入完整的 IBM 管理体系，从产品的预先研发到项目管理，从生产流程到项目结束的评审等，特别是将 IBM 研发的战略规划方法论系统化地根植于华为的企业基因，华为终于完成了主动的改革与自我的蜕变，实现了"将权力回归流程，让流程拥有权力"的初衷。

1998 年，在没有接受 IBM 帮助时，华为平均交货率为 30%，仅为世界级企业的 1/3。世界级企业的订单完成周期平均在 10 天，华为却要 20～25 天。

2003 年，也就是"IBM 化"改革 5 年后，华为订单的平均交货率已经飙升至 65%，而订单的完成周期也缩短为 17 天，改革效果非常明显。

正是在第三方的帮助下，华为形成了自己的战略能力，最终为其崛起成为中国真正的世界级创新企业夯实了基础。

四、物竞天择，9 种人需要懂点进化战略

沿着这个思路继续思考，很多人会觉得"进化，自己知道一点；战略，自己听说了一些"，但是如果说到怎样结合，

就顿感"好复杂""该怎么用""离自己的生活很遥远"等。

其实,进化战略的思考,可以通过规划与执行两个层面进行细化拆分,战略规划的思考,能帮助我们把许多原本看着模糊、想不明白的事情,按照条理进行分解、细化,逐步变得清晰明朗;接下来通过战略执行的解码分拆,我们就能够获得准确地把战略规划落实到日常实施细节的落地步骤上;最终,我们就获得从战略目标到战略成果的有效路径。

在物竞天择的商业社会中,不同角色的人都需要懂战略,都可以通过进化战略的思考把问题拆解、理顺,最终找到量身定制的解决方案。

1. 企业管理者务必懂战略

公司是每个企业主、管理高层的安身立命之地,因此,必须要厘清的战略问题包括:

(1)从战略规划的思考入手。

- **战略意图**:公司现有的产业赛道,未来是否还有前景?未来 5~7 年,公司潜在的第二主业是什么?基于两者的发展考量,公司今后的发展大方向是什么?

- **市场观察**:第一主业如有前景的话,能持续多久?市场空间还有多大?未来 3~5 年,公司现有的市场会遇到哪些竞争者?其中,哪些是已有竞争者?哪些是跨界竞争的"野蛮人"?

- **创新焦点**：公司能够跨界进入哪些领域？新增市场的规模有多大？能持续营利多久？公司应该聚焦在哪几个创新业务点？
- **业务设计**：未来公司迭代后的第一主业与创新的第二主业的业务组合应该是怎样的？各自所占的比重，怎样才是比较合理的、能保持风险与回报的最优化？

（2）从战略执行的拆解入手。

- **关键任务**：结合公司的战略发展规划，未来3年里，公司最重要的3件事是什么？未来3~5年，公司最重要的任务是什么？未来5~7年，公司最需要关注的大方向是什么？
- **企业文化**：结合公司的战略规划，公司需要在内部打造怎样的文化氛围？除了业绩考核指标外，应该建立怎样的文化考核体系，帮助公司吸引到发自内心认可公司的员工、管理者？这个文化考核体系与业绩指标的考核体系，各自的占比应该是多少？
- **人才**：结合公司的战略方向，特别是迭代第一主业、创新第二主业，公司需要哪些类型的人才？未来公司在3年内、3~5年内、5~7年内的人才结构需要如何打造？
- **组织**：互联网、物联网、元宇宙、AI的浪潮一波接着一波，联系到公司未来的发展方向，传统的管理组织架构能适应这个需求吗？不会"前浪拍死在沙滩上"吧？未来公司的组织架构应该是"扁平化""前中后台""阿米巴"，还是哪种元宇宙或 AI 时代的全新组织？对应这样的组织架构、人才结构，公司应该建立怎样的激励机制？

（略）

2. 财务人员应读懂战略

如果把公司的发展战略比作作战计划，那么财务人员则是向前线输送弹药的核心资源枢纽。结合公司的战略，财务人员需要思考的问题包括如下内容。

（1）从战略规划的思考入手。

- **战略意图：**公司宏图大展在即，老板该不会是拍脑袋想出来的吧？根据这个思路，公司需要准备多少预算啊？公司未来 3 年内的财务管理会有哪些变化？未来 3~5 年的中期财务管理计划应该怎么做？未来 5~7 年的中长期财务结构是怎样的？

- **市场观察：**公司需要迭代第一主业、创新拓展第二主业，市场上大致的财务投入是多少？风险大不大？

- **创新焦点：**公司为了进入新领域，前期的研发成本有多大？前期的投入期有多久？多久才能达到盈亏平衡点？公司账上有足够的资金吗？新增市场的规模有多大？毛利率、净利率各是多少？能持续盈利多久？

- **业务设计：**未来公司准备打造迭代后的第一主业与创

新的第二主业的业务组合，从财务风险管理的角度看，公司应该保持怎样的负债率才是正常的？保持怎样的流动比率与速动比率才能够有效地对抗未来的市场风险？千万不能出现"公司还在，钱却没了"的情况啊！

（2）从战略执行的拆解入手。

- **关键任务**：结合公司的战略发展规划，未来3年内、未来3~5年内、未来5~7年内，公司各个阶段的发展重点是什么？应该做出怎样的财务方案才能支持关键任务的达成？如果发展没有达到预期，从财务管理的角度出发，各个阶段的止损点在哪里？

- **企业文化**：新的战略规划，公司需要在内部建设企业文化吗？为了建立让公司全员发自内心认可的企业文化及考核体系，公司需要投入多少预算？怎样能够与业务发展形成良性的互动？是不是需要借此机会增强大家的风险管理意识？

- **人才**：公司未来规划的手笔很大，特别是迭代第一主业、创新第二主业，公司需要的各类人才，需要投入多少预算？未来公司在3年内、3~5年内、5~7年内的人才结构需要多少预算？应该怎样制订相应的财务计划？

- **组织**：如今，互联网、物联网、元宇宙、AI这类的新概念层出不穷，不会都是光花钱、不赚钱的噱头吧？为了实现新的规划，公司建设新型管理组织模式，会对财务结构带来怎样的变化？财务部门应该怎样配合公司建立相应的激励机制？组织架构上应该增加风险管理的机制；否则，只顾花钱，没人把关可不行啊！

（略）

图 1.8　财务人员就是平衡战略的资源枢纽之一

3. 投资者不能不懂战略

做投资决策之前，如果仅仅参考标的过去的发展历程与成绩，做出的投资决策靠谱吗？

如果把钱投入一家公司，该公司未来的战略方向则直接决定了投进去的钱会不会打水漂、决定了能否获得多少倍的回报。投资者应考虑的战略问题包括如下方面。

（1）从战略规划的思考入手。
- **战略意图：**标的公司现有的产业赛道，未来还能赚钱吗？未来5~7年内，公司要去哪里赚钱？基于两者的发展考量，标的公司今后的发展大方向是什么？公司的市值随着战略能发生怎样的变化？是否值得投资？
- **市场观察：**第一主业如有前景的话，能持续多久？市场空间还有多大？未来3~5年内，公司现有的市场会遇到哪些竞争者？其中，哪些是已有竞争者？哪些是跨界竞争的"野蛮人"？标的公司的产业创新，最终能否成长为"独角兽"？"小巨人"？
- **创新焦点：**公司能够跨界进入哪些领域赚钱？新增市场的规模有多大？能持续盈利多久？公司聚焦的创新业务点，后续能为投资者继续赚多少钱？持续多久？
- **业务设计：**未来公司迭代后的第一主业与创新的第二主业的业务组合是什么？对于公司股价会带来怎样的变化？作为投资者，可以持标的公司的股份多久？应该在哪个阶段考虑减持？

（2）从战略执行的拆解入手。
- **关键任务：**通过公司战略发展规划，必须弄清楚，未来3年内、3~5年内、5~7年内，标的公司最关注的是什么？要做什么？现有的管理层称职吗？
- **企业文化：**实现战略目标，公司现在的员工发自内心认同吗？能全力以赴吗？

- **人才**：实现战略目标，公司现在的人员合格吗？特别是迭代第一主业、创新第二主业，公司的人才跟得上发展的需求吗？管理层是否有能力打造未来公司在 3 年内、3~5 年内、5~7 年内需要的人才结构，以确保目标实现？
- **组织**：面对以互联网、物联网、元宇宙、AI 为代表的发展浪潮，公司现有的组织结构是不是太落后？对应发展需求，公司应该建立怎样的激励机制？这样的组织能否确保投资者的利益？

（略）

4．股东应熟悉战略

如果公司是客轮，股东就是客轮的战略管理和审视者，就是船上的 VIP 贵宾。客轮的航向、路线直接关系到乘客的乘坐体验、获得感与满足感。公司股东需要了解的问题包括如下方面。

（1）从战略规划的思考入手。

- **战略意图**：作为公司股东，当然关心的是"公司未来能不能赚钱？能赚多少钱？能赚多久的钱？"，所以，公司现有的产业赛道，未来是否还能继续赚钱？未来 5~7 年内，公司应该赚哪里的钱（第二主业是什么）？公司的市值随着战略能发生怎样的变化？
- **市场观察**：第一主业如有前景的话，能持续多久？市场空间还有多大？未来 3~5 年内，公司现有的市场会遇到哪些竞争者？其中，哪些是已有竞争者？哪些是跨界竞争的"野蛮人"？公司的管理层是否已经做好了准备以应对挑战，更好地维护股东的利益？

- **创新焦点**：公司能够跨界进入哪些领域赚钱？新增市场的规模有多大？能持续盈利多久？战略规划里的创新业务点，后续能为股东赚多少钱？能赚多久的钱？

- **业务设计**：未来公司迭代后的第一主业与创新的第二主业的业务组合是什么？届时，资本市场的反应会是什么？对于公司股价会带来怎样的变化？

（2）从战略执行的拆解入手。

- **关键任务**：从公司战略规划里提炼，未来 3 年内，公司最重要的事是什么？未来 3～5 年内，公司最重要的任务是什么？未来 5～7 年内，公司最需要关注的大方向是什么？管理层能完成这样的规划吗？

- **企业文化**：公司的战略规划需要上下全体员工拥有什么样的精神面貌？

- **人才**：公司战略发展中迭代第一主业、创新第二主业，人才结构跟得上吗？成本会提高多少？对于公司股价的影响有多大？

- **组织**：如今，以互联网、物联网、元宇宙、AI 为代表的浪潮一个接着一个，为了确保获得资本的高度关注，公司未来的组织架构需要互联网化、元宇宙化吗？未来的组织如何用 AI 来驱动？公司应该建立怎样的激励机制？是否涉及股权激励？会给公司未来的股权结构带来怎样的变化？

（略）

图 1.9　股东就是在一家企业船上的 VIP 贵宾

5．供应商需要看战略

作为公司价值链的上游供应商，下游应用企业的发展思路，直接决定了自身产品、服务在未来价值链中所占的比重。供应商应思考的问题包括如下方面。

（1）从战略规划的思考入手。

- **战略意图**：下游公司现有的主营市场，未来还能赚钱吗？未来5～7年内，该公司会进入哪些市场（第二主业）？该公司今后的发展大方向是什么？**在这样的大背景下，自己还能赚钱吗？应该怎么赚钱**（自己所处的位置是否会因为下游应用企业的转型、迭代、升级而被取代？需要怎样调整自身战略以跟上客户企业的变化）？

- **市场观察**：作为供应商，合作伙伴的第一主业是双方目前的合作领域，未来还有继续合作的前景吗？能持续多久？市场空间还有多大？在未来3～5年内，自己作为供应商会遇到哪些竞争者？哪些是跨界过来"抢饭碗"的？

- **创新焦点**：下游公司能够跨界进入哪些领域？新增市场的规模有多大？能持续盈利多久？其聚焦在哪几个创新业务点？作为供应商，能否借此机会拓展与其的业务范围，赚更多的钱？

- **业务设计**：作为供应商，应该怎样相应地优化自己的供应体系？获得更多的供需话语权？

（2）从战略执行的拆解入手。

- **关键任务**：客户公司未来重点关注的大方向是什么？作为供应商，自身应该怎样调整以跟上形势的变化？

- **企业文化**：外部客户都做出重大战略调整了，自己公司内部的精气神也该重新建立一番了吧？

- **人才**：客户的发展将有重大变化，作为供应商，是否也需要匹配相配套的人才，以跟上产业链的进化？

- **组织**：互联网、物联网、元宇宙、AI 的浪潮一波接着一波，客户企业都在不断进化其组织架构，作为供应商，还能"穿新鞋走老路"吗？是否也要根据市场的变化优化自身的组织架构？

（略）

最终，自己应该怎样跟上产业链、价值链创新、升级的潮流，获得自身的跨越式发展？

6. 合作商需要看战略

作为公司价值链的横向合作方，应用企业的发展思路，直接决定了自身产品、服务在未来价值链中所占的比重。合作商应思考的问题包括如下方面。

（1）从战略规划的思考入手。

- **战略意图**：合作公司要做重大战略调整了，目前双方合作的前景，会有哪些变化？还能继续合作赚钱吗？未来 5～7 年内，对方的第二主业在哪里？与之合作的话，能赚钱吗？作为合作商，自己所处的位置是否会因为应用企业的转型、迭代、升级而被取代？我自己的战略发展规划是什么？

- **市场观察**：合作方的第一主业如有前景的话，能持续多久？市场空间还有多大？我们合作还能赚多久的钱？未来 3～5 年内，我们会遇到哪些竞争者？其中，哪些是已有竞争者？哪些是跨界竞争的"野蛮人"？

- **创新焦点**：合作公司会进入哪些领域？市场前景怎么样？能持续盈利多久？作为合作者，自己的创新焦点在哪里？
- **业务设计**：结合合作企业的发展动向，自己的业务组合是否也要迭代、创新？

（2）从战略执行的拆解入手。

- **关键任务**：在新的战略规划背景下，合作公司未来几年内，最关心的是什么？作为合作者，这样的需求能带来哪些业务需求与产业机遇？
- **企业文化**：新的战略规划有了，内部环境肯定也是一番全新的气象吧？作为合作商应该怎么和他们打交道？
- **人才**：新的战略规划，肯定会引发合作公司内部的人才重组、升级，新的人才结构是怎样的？作为合作商，是否也需要匹配相配套的人才，以跟上产业链的进化，进一步拓展、加深双方的合作？
- **组织**：互联网、物联网、元宇宙、AI 的创新浪潮大势所趋，作为合作商，应该怎样优化自身组织架构，才能与合作企业"同频共振"？

（略）

7. 竞争对手要分析战略

作为公司价值链的横向竞争对手，更加需要重视对手公司的发展思路。通过研究对方的战略，才能预测自身的产品、服务在未来价值链中会迎来怎样的挑战与竞争。竞争对手应思考的问题包括如下方面。

（1）从战略规划的思考入手。

- **战略意图**：对手公司最新的战略方向是什么？是继续留在现有的成熟市场，还是准备拓展全新的第二主业？现有的成熟市场还能赚钱吗？未来的第二主业的盈利点在哪里？**与对手相比，在现有的成熟市场，自己的优势在哪里？这样的优势还能维持多久？**同样地，自己公司的第二主业在哪里？自己现有的竞争优势还能维持多久？自己所处的位置是否会因为对手企业的转型、迭代、升级而被取代？自己应该怎样跟上产业链、价值链创新、升级的潮流，以获得自身的跨越式发展？

- **市场观察**：对手公司第一主业如有前景的话，还能持续多久？市场空间还有多大？未来3~5年内，还会遇到哪些竞争者？是否会有更强的跨界竞争者介入？自己应该如何应对？

- **创新焦点**：根据对手公司的产业基因与战略构思，其能够跨界进入哪些领域？新增市场的规模有多大？能持续盈利多久？会聚焦在哪几个创新业务点？对手产品创新路径为什么往那个方向？作为竞争对手，自己应该采取哪些措施？

- **业务设计**：未来对手公司迭代后的第一主业与创新的

第二主业的业务组合会是怎样的？作为竞争对手，自己应该如何优化自身的业务组合？

（2）从战略执行的拆解入手。

- **关键任务**：结合最新的竞争趋势与对手公司的战略发展规划，作为竞争者，其未来3年内最关键的任务是什么？采取了这些措施后，会对已有的竞争格局带来哪些变化？自己应该怎样建立新的"护城河"，以减少竞争对手的冲击？

- **企业文化**：对手公司的战略规划，会在其内部营造怎样的文化氛围？这会对该公司的整体精神面貌带来哪些变化？会影响到今后的竞争格局吗？作为竞争者，自己应该塑造怎样的企业文化以适应新的竞争环境？

- **人才**：未来的竞争趋势需要新的人才结构，对手公司的人才结构是怎样的？会对自己形成怎样的竞争优势？自己公司应该构建什么样的人才结构以适应变化？

- **组织**：对手公司也罢，自己也好，未来公司的组织架构应该是"扁平化"？"前中后台"？"阿米巴"？还是哪种全新组织？对应这样的组织架构、人才结构，公司应该建立怎样的激励机制？

（略）

图 1.10　往什么方向走，就是战略创新路径

8. 客户需要了解战略

作为公司价值链的下游应用客户，上游供应企业的发展思路，直接决定了公司在未来的发展中将获得怎样的产品、服务方面的供给。客户应思考的问题包括如下方面。

（1）从战略规划的思考入手。

- **战略意图**：上游供应企业今后会做哪些重大调整？未来 5～7 年内，其潜在的第二主业会给产业链带来什么样的变化？作为客户，自己会获得哪些迭代、升级的产品或服务？这将会对自己在产业链中的发展提供哪些帮助？自己的战略规划是否需要相应地调整？

- **市场观察**：上游供应企业提供的产品和服务，今后在市场上的竞争格局是怎样的？作为客户，自己未来在供需关系中的话语权是变强了,还是变弱了?

- **创新焦点**:上游供应企业能够跨界进入哪些领域?其创新业务点能为自己带来哪些战略性的帮助?自己未来能在这些领域里挖掘出哪些新业务?能赚多少钱?
- **业务设计**:自己公司未来的业务组合可以做哪些相应的迭代、升级?

(2)从战略执行的拆解入手。

- **关键任务**:结合上游供应企业的战略发展规划,作为下游的客户,自己未来的发展中,亟须解决的问题是什么?
- **企业文化**:上游供应企业全新的战略,会在其内部营造怎样的文化氛围?这会对下游应用企业带来什么样的精神影响?会影响到今后供应链的格局吗?在创新竞争不断加剧的今天,作为产业转型、升级发展大趋势中的一环,自己公司应该建立什么类型的企业文化以适应新的竞争?
- **人才**:新的业务发展方向、新的市场竞争趋势、新的产业应用需求,需要什么样的人才来落实?公司是否要制订与之匹配的人才培养计划?
- **组织**:产业链创新的趋势下,自己公司内部的组织架构能否适应发展的需求?是否也应该与时俱进,更新组织架构?是否引入新的激励机制?

（略）

9. 公司员工也要懂点战略

公司是每个员工通过劳动获得报酬的平台，自身价值的转换效率取决于与平台未来发展的匹配度。因此，公司员工必须要弄清的公司战略问题包括如下方面。

（1）从战略规划的思考入手。

- **战略意图：** 公司现有的产业赛道，未来的发展前景还有多大？未来 5~7 年内，公司潜在的第二主业是什么？自己现在的工作职位能维持多久？结合公司战略发展的趋势，自己应该怎样规划职业生涯？

- **市场观察：** 公司已有的成熟市场还能维持多久？下一个利润增长点在哪里？公司能支撑到这个阶段吗？

- **创新焦点：** 公司新增市场的规模有多大？能持续盈利多久？公司未来的研发方向、业务拓展方向在哪里？自己能否赶上这个发展风口，升职、加薪、走上人生巅峰？

- **业务设计：** 作为一线员工，能够听到来自市场的隆隆"炮声"，你觉得，公司未来应该怎样配置业务条线的配比，才是比较合理的、能保持风险与回报的最优化？

（2）从战略执行的拆解入手。

- **关键任务：** 结合公司的战略发展规划，自己最需要做出的改变与提升是什么？为了更好地获得公司未来发展的红利，自己应该将发展的重点聚焦在哪些方面？

- **企业文化**：有了全新的战略发展规划，公司内部是不是也要建立新的文化体系？作为具有独立思考、个性的自己，希望公司建立什么类型的企业文化呢？怎样才能让内部氛围和谐、积极？自己和同事能够更好地合作共赢？

- **人才**：公司未来的发展需要什么类型的人才？自己符合这样的要求吗？自身的能力需要相应地做怎样的升级？对于公司人才的新需求，能给自己带来升职、加薪的机会吗？

- **组织**：如今，市场上互联网、物联网、元宇宙、AI的浪潮一波接着一波，联系到公司未来的发展方向，未来公司的组织架构应该是"扁平化"？"前中后台"？"阿米巴"？还是哪种全新组织？自己应该怎样适应这种变化？对于全新的发展趋势，自己希望得到怎样的激励机制？

（略）

以上只是以商业社会中的9种不同的角色为例，初步地应用进化战略来进行考量。

就好像我们人类的大脑分为左脑和右脑，进化战略也需要平衡战略的规划与执行，并且需要通过一系列的方法论、模型、工具等，以战略解析为桥梁，完成规划思考与执行落地之间高效的联通。

进化战略能帮助我们每个人在外界环境发生变化时，依靠完备的思考体系和有效的方法工具，以及后续章节中即将介绍的企业战略的"进化三阶"模型，系统化地分析问题，追根溯源，从产业发展的趋势找到背后的逻辑，最终**找到属于自己的主动进化之路**。

对于变化与趋势，我们能够看得准，不再被表象所迷惑；**对于应对的措施，我们能够厘得清，不再浪费时间精力；**对于未来的规划，我们能够做得到，最终获得产业与时代发展的红利。

因此，对于企业的战略思考，是每一个优秀企业和成功人士所必备的思考维度，适用于每个人。多做战略思考，我们就不再是没有战略思维的"小猴子"，也将获得比他人更高的工作效率、更多的回报，从而实现"有效进化"，在"市场大自然"的竞争中脱颖而出。

在接下来的几个章节里，我们将会进一步地拆解进化战略相关应用的具体步骤，帮助读者完成从战略分析的入门到精通的思考旅程。

并且，通过作者团队的多个实操案例的分享，让读者获得战略分析应用的直观感受。

来吧，我们一起进入《图解战略分析》的实践世界！

第一章 | 人人应懂点战略

图 1.11 欢迎进入《图解战略分析》的世界

第二章
适者生存，
揭开战略分析的面纱

一、从"市场大自然"里看战略

就像我们都生活在大自然的世界中,每个企业也在市场这个大自然里努力地求生存、谋发展。在"市场大自然"中,企业和所有生物一样,都会遇到两大与进化相关的问题:

第一,物种(市场/赛道)是可变的,生物是进化的;
第二,自然(市场)选择是生物(企业)进化的动力。

自然界中,同一种群中的个体存在着变异,那些具有能适应环境的有利变异的个体将存活下来,并繁殖后代,不具有有利变异的个体就被淘汰,物竞天择,适者生存。

图 2.1 面对丛林世界,我们有生存战略吗?有进化战略吗

在自然界，生物的生存环境绝非一成不变：

一方面，存在着地理、气候等不可抗力的变化，要求生物必须去适应，比如地壳隆起湖泊变为陆地，迫使水生动物进化出陆生本领；另一方面，是其他生物的竞争压力也会导致其生存环境的变化，这既包括了同类生物，也包括了异类生物，比如聪明的智人逐步将头脑简单的尼安德特人挤出历史，比如生物入侵挤占了本地生物的生存空间，一个是同类竞争，一个是异类竞争。

身处"市场大自然"的环境之中，企业面临的问题与挑战又何其相似！对生物进化产生影响的地理、气候等因素，对应到企业，就是环境（Environmental）、社会（Social）、治理（Governance）。三大维度内包含一系列政治、经济、法律、文化、科技等关乎企业生存的大环境；而其他生物的竞争对应到企业，就是每家企业与同行的竞争以及与"跨界打劫"者的竞争。

生存和延续是生物的本能，同样也是企业的本能。

如果说，现代人类创立、经营的企业与自然界的生物在进化过程中有何区别的话，那就是在面对外部环境与自身内因的变化时，有着现代智慧的人类会主动通过一系列的战略思考正确认清外界与自身的变化、一系列的战略模型对企业进行科学化的梳理，从而优化、升级企业自身的内部基因，并且根据对外界趋势的研判找出未来的业务爆发点，让企业得以更加高效地进化、突变。

图 2.2 人类身处自然界动物进化的金字塔顶端

二、战略分析不是工作分析

虽然，战略分析与工作分析在内容上都会涉及信息的收集、组织的诊断、环境的分析、现有执行效果的评估，以及找出需要改进、提升的模块等，但是从两者的逻辑维度上看，存在着根本性的区别。

工作分析更加聚焦于微观执行层面，以便确定每一项工作的 6w1h：用谁做（Who）、做什么（What）、何时做（When）、在哪里做（Where）、如何做（How）、为什么做（Why）、为谁做（Whom）。

分析的结果或直接成果是岗位说明书。岗位说明书是记录工作分析结果的文件，它把所分析该岗位的职责、权限、工作内容、任职资格等信息以文字形式记录下来，以便管理人员使用。

所以，工作分析是现代人力资源管理的基础，只有在客观、准确的工作分析基础上才能进一步建立科学的招聘、培训、绩效考核和薪酬管理体系。而战略分析的维度更高、范围更广，包括：

- 确定企业的使命和目标。
- 了解企业所处的环境变化，这些变化将带来是机会还是威胁。
- 了解企业的地位、资源和战略能力。
- 了解与利益相关者的利益期望，在战略制订、评价和实施过程中，这些利益相关者的反应以及这些反应对组织行为的影响和制约。

战略分析是企业战略从规划维度到执行层面的结合，企业可以从对企业整体目标的保障、对中下层管理人员积极性的发挥以及企业各部门战略方案的协调等多个角度考虑，选择自上而下、自下而上或上下结合的方法来制订战略方案。

所以，相较于工作分析，战略分析既有宏观、又有微观，能够为企业带来实质性的、持久的变化！

图 2.3　战略分析需要企业低头做事，抬头看天

三、"路径选择" + "主动进化" = "有效进化"

生物在进化的过程中，往往会产生大量的进化分支，但是在经过一定时间的洗礼与大自然的选择后，绝大部分的进化分支都湮灭在历史的长河中，变成化石，提醒人类它们的存在。这些被淘汰的分支，就是"无效进化"，而那些最终适应了环境变化，存活下来的进化分支，就是我们所说的"有效进化"。

所以，**企业借鉴进化的思路进行战略的思考、选择，最根本的目的是要尽可能地避免"无效进化"，实现自身的"有效进化"**。要做到"有效进化"，就必须时刻牢记以下两点。

1. 企业战略的本质是选择进化的路径

战略的本质是做出选择，有所为有所不为，需时常战略复盘目标的价值，做正确的事比正确地做事更重要。

2. 企业不停地优化自己的内在，主动进化

在当今不确定性时代，面对外部环境的急剧变化和生存竞争，只有及时自我调整与主动进化，才是生存发展之道。

图 2.4　企业战略的两大逻辑支柱是"路径选择"＋"主动进化"

四、决定战略的企业基因有哪些

看过电视剧《亮剑》的人，应该都记得里面的一句台词："任何一支部队都有自己的传统，传统是什么？传统是一种

气质，一种性格。这种气质和性格往往是由这支部队组建时，首任军事首长的性格和气质决定的，他给这支部队注入了灵魂。从此不管岁月流逝，人员更迭，这支部队的灵魂永在。"

图 2.5　从战争年代形成的特殊气质就是持续至今的战略基因

无论是一个部队还是一家企业，其基因或者说灵魂，在很大程度上，在公司创立之初，就已经随着创始企业家的性格、品德、格局、气质等因素决定了。

基因的一个重大特性就是在进化过程中所展现出的遗传性和决定性。企业在创立之初所注入的基因，无论是好是坏，它都将影响企业未来的发展路径，正如前面所提到的，首任军事首长给他的部队注入的灵魂，无论岁月流逝，还是人员更迭，其灵魂永在的道理是一样的。

更为重要的是，这种基因具有决定性。

一方面，基因决定企业内部自身的发展方向；另一方面，它还决定了公众对企业的印象，反过来也会强化企业基因的定向发展。

比如，万科之于房产，腾讯之于通信，今日头条之于自媒体，阿里巴巴、京东之于电商，娃哈哈之于饮料等，基因一旦形成，将难以改变。

企业应该有怎样的基因和灵魂，才能抵挡时间的流逝和冲刷，才能在人员更迭的过程中，在进化的道路上屹立不倒、持续创新呢？

通过长期的观察，可以归纳出成功企业离不开的三大基因：产业基因、文化基因、制度基因。

1. 产业基因：顺应时代的产业大势

产业基因在所有属性中是非常重要的，**一个企业能否取得成功，很大程度在于公司是否处于产业趋势的洪流之中，也就是说，能否站在时代的风口、处在新赛道的崛起之际。**如果没能在时代的风口，即使是雄鹰也会飞得吃力。

改革开放的四十年，20世纪80年代下海经商、90年代经营小家电，21世纪前十年从事房地产与互联网、10年代的移动互联网与证券投资等人，由于站在了产业的风口，随着时间的流逝，其资产财富随着我国综合实力不断提升而增长，这就是顺应产业大势的力量。

2. 文化基因：定型企业内部的气质

文化是看不见、摸不着的，但它时时刻刻影响着人们的行为、影响着企业发展的轨迹。它才是企业基因的核心。

有人曾分析，华为的"狼性文化"在企业发展过程中功不可没；有人说，苹果公司的成功，离不开乔布斯偏执狂般的追求，变态式地追求完美、追求极致的性格等。由此可见，企业文化对一个公司长久经营，有着深远的影响。

3. 制度基因：以制度护航企业的发展

制度基因包含了企业的组织架构、管理制度、绩效与激励制度，以及相应的人才梯队建设，犹如一部精巧运转的系统、机器，确保企业在长期的发展中，不偏离企业的战略初衷。

对于这三大决定战略的企业基因，我们需要清楚地认知其具备的特点：

（1）企业基因往往定型于企业的创业期，创业期结束，基因基本形成。创业期结束的典型标志是这个企业拥有了一个比较稳定的核心顾客群，同时已经拥有了一个比较成熟的产品或服务。

（2）如果企业的历史比较长，比如，企业的历史已经超过了10年，那么就必然会经历一次重大的战略转型；**每一次重大而成功的战略转型，对企业基因都是重大的改变**。但是对绝大多数企业而言，这种重大而成功的战略转型却是很罕见的。

（3）基因本身无所谓好坏，但自己所在的战略系统确实有好坏之别。所以，战略规划的工作重点并不是去改造基因，而是去改造基因所处的战略体系。

（4）如果企业面对重大的变革机会，比如说，我们所处的这个时代中的数字经济、智慧生态、人工智能、元宇宙等都是极其重大的变革机会，企业家是可以主动改变基因的，但是一定要小心保护企业的核心基因，将其放在更恰当的环境中，让基因更好地发挥作用，这样才能达到企业进化发展的效果。

五、战略分析的基本盘有哪些

1. 战略环境的核心要素是什么

正如之前提到的生物进化，很多时候，生物自身的变化是因为外界环境的变化所产生的应对策略；落实到企业自身，面对的外部环境基本包括：国际和国内的政治环境、经济环境、技术环境、社会文化等竞争方面的客观条件及其所形成的动态战略态势。

从生物进化的过程中，我们可以看到环境的变化是常态，生物受其影响而改变。

环境的变化分为两种：渐变和激变。

- 激变不可抗拒，恐龙统治地球数百万年，却因为一场陨石雨就团灭了，没有留给恐龙进化适应的时间。
- 渐变的特点是适应原有环境的生物在渐变后的环境下会不太适应，会感到难受，但不会马上死，有一个适应环境变化的窗口期,这就是生物的"基因突变"期。

以长颈鹿为例,有考古证据表明其祖先只是一种类似霍加狓的生物,是气候变化导致了其主要的食物来源——树叶,它越长越高,长颈鹿的祖先通过一代代的基因突变,繁衍出了眼睛更大或更小、舌头更长或更短、鼻梁更高或更扁的后代。长颈鹿最终进化成为腿更长、脖子更长的模样,因为这样的后代更容易吃到高处的树叶,才能在新的环境中更好地存活下来。

图 2.6　长颈鹿的进化就是适应环境变化的战略路径

以此类推,企业存在与发展的目的是更好地经营、持续地盈利,面对时刻动态发展的战略环境,企业也应像长颈鹿那样,需要不断地改变自身的形态,更有甚者,**生物的基因突变往往是无意识的、非主观的,企业的战略选择却是可以提前的、有意识的、主观推动的。** 企业关注的核心要素包括:

- 政治环境,即未来国内国际的政策侧重点,会给企业现有的产业赛道产生怎样的影响、会促进哪些赛道进入发展的快速期。

- 经济环境，即企业现有的市场经济环境会对企业发展的路径带来哪些变化，比如，后新冠肺炎疫情时代，经济环境中是否会出现报复式消费的现象？还是报复式储蓄？这对于企业的市场会带来哪些影响？
- 技术环境，即现有科技成果的商业化应用，会对商业模式、竞争结构带来哪些改变？比如，随着数字经济、智慧生态城市、元宇宙等一系列技术逐渐成熟，并开始投入实际的应用场景，公司现有的商业模式、市场会受到怎样的冲击？会被颠覆吗？公司能否借助风口，乘势而起？
- 社会人文环境，即当今社会的人口数量、文化导向等因素。**比如，中国人口老龄化及人口负增长会促进哪些产业的发展，会结束哪些产业过去二十年间的高速增长？** 千禧一代、Z世代消费群体中逐渐展现的国潮风，会对企业的品牌形象建设，提出哪些新要求？

所以，我们常听多位商业界重要人士提到过，他们最喜欢看的电视节目是《新闻联播》，因为，上述的战略环境的核心要素都能在这个节目中找到。 当然，我们还必须借助本书后续章节提到的方法论，才能提炼出有用的战略信息。

图 2.7　有心人看着《新闻联播》，提炼其中的战略信息

2．战略目标是怎么算出来的

从国际国内来说，战略目标制订的流派纷呈，如果我们在这里一一列举的话，就是"掉书袋"了。我们可以从最直观的角度把战略目标制订简单分为三大"流派"："拍脑袋流""经验估计流""科学推导流"。

"拍脑袋流"，即对于战略目标的选择完全依靠拍脑袋，看到市场上有哪些快速变现的业务机会，就立刻将公司的发展方向对准这些机遇。

图 2.8 战略目标的选择有"拍脑袋流",但这靠谱吗

从表面上看,这是机会导向型的战略选择,但是就背后的根本逻辑深入研究后发现,其实是完全没有战略思考的盲动,无法形成公司真正的核心竞争力,即便占有部分市场,但是因为进入门槛低,公司对于竞争对手的抵御能力是非常薄弱的。

"经验估计流",即根据企业以往成功的发展经验,添加一个预计的业务增量,就成为公司未来几年的发展目标。从表面上看,是建立在之前成熟的业务基础之上,可以确保战略目标的成功率;但是从本质上看,这不过是在延续原来的发展道路而已,是"穿新鞋走老路"。

图 2.9 "经验估计流"穿新鞋走老路,这靠谱吗

人类历史发展表明,当社会和科技发展到一定程度,往往一种全新的商业化应用场景就会出现……企业以"经验估计流"制订的战略将导致可能错失行业的战略性发展的历史机遇,并且,公司原先已有的市场份额也有可能遇到新的竞争,从而导致一定的萎缩危险。

"科学推导流",即通过建立模型,首先对公司原有战略的执行情况进行全面的复盘,公司之前的战略在执行过程中遇到了哪些问题,综合考虑当前企业所处的外部政策(P)、经济(E)、社会(S)以及科技(T)环境的趋势等因素。

基于公司现有领导团队的领导力以及公司价值观所形成的战略环境,进一步明确公司的战略意图并总结分析市场的现状与趋势,形成综合性的全景观察,通过比对分析出未来战略发展的创新焦点在哪里,由此设计出公司未来战略中的业务组合,从而帮助公司战略规划与业务目标达成有机结合。

本书后续章节中介绍的战略模型,进行科学推导,企业也可以获得"看得准、理得清、做得到"的战略规划能力,即:

- **看得准:洞察透彻的战略规划能力,精准发现战略机会点。**
- **理得清:强大的流程组织管理能力,确保战略执行到位。**
- **做得到:通人性的文化和价值分配,全员同心、一致向前。**

通过战略模型系统化的拆解,企业能真正找准战略发展机遇、抓住核心增长业务、确保战略落地执行。

3. 战略成本包括哪些

如今做什么都有成本,企业发展最大的成本是战略成本。

有个管理"脑筋急转弯":问什么是企业最大的收益?答案是:战略收益最大,因为战略性利润压倒业务利润。

获取战略性利润之前,公司需要先付出战略成本。公司在制订战略、执行战略的过程中所产生的战略成本,是为了建立和保持企业的长期竞争优势,即企业为了寻求增强(或保持)其竞争优势地位而发生的成本。企业战略成本具体包括:时间和先机成本、市场成本、信息化成本、学习成本、创新成本、智力成本。

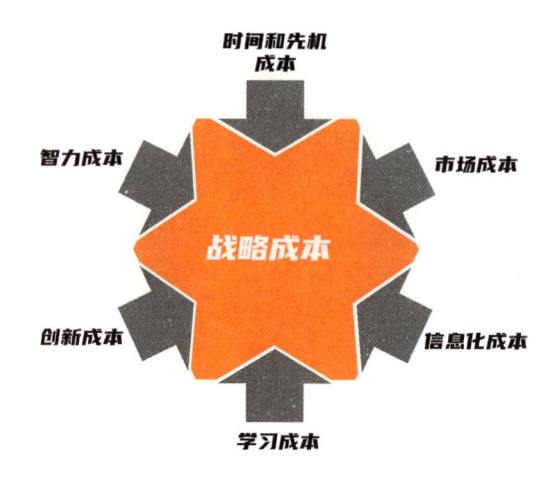

图2.10　企业战略成本的组成

（1）时间和先机成本。企业要获得更多的市场份额，确立在行业中的优势地位，就要尽快抢占市场。某个研究开发项目，如果被竞争对手抢先，即使后期本企业再投入大量资源，可能都无法改变战略上的劣势。因此，企业用于缩短设计、开发时间以加快新产品上市而投入的更多成本构成了时间和先机成本。

（2）市场成本，包括：渠道成本和顾客成本。

- 渠道成本。其反映在企业与供应商及销售渠道之间的相互联系方面，在这些方面的价值投入则构成了渠道成本。
- 顾客成本。让顾客主动参与价值链的各个阶段或各项业务活动，由顾客参与创造的信息就变成了企业所拥有的资产，企业为此而付出的"努力"就构成了顾客成本。

（3）信息化成本。在数字经济时代，信息管理也是企业发展的关键。企业全部生产经营活动所需的信息和建立新型顾客关系等方面来增加价值，由此而产生的支出构成了信息化成本。

（4）学习成本。公司内外部经验的利用程度，学习因素将会起到相应的作用。因此，培养、造就学习型组织也就成为当今企业管理者最关心的一个问题。由此所花费的费用则归为学习成本。

（5）**创新成本。企业只有具备了创新能力，才能在不断变化的市场经济中运用动态的观点来看问题，不断开发新产品、开辟新市场，从而找到新的利润增长点，实现公司的持续发展。**创新能力培养的耗费就可称为创新成本。

（6）智力成本。一般来讲，企业可持续性的竞争优势主要来源于市场资源、技术资源、人力资源、组织管理资源等组成的智力资源。智力资源的培育支出构成了智力成本。

4. 战略毛利是什么

战略层面的毛利是企业在获得了长期竞争优势地位后，获得的战略性发展与收益后，扣除上述提到的包括时间和先机成本、市场成本、信息化成本、学习成本、创新成本、智力成本等在内的战略成本后的毛利润。

图 2.11　战略毛利 = 战略性收益 – 战略成本

与传统意义上的企业经营毛利相比，战略毛利的产生更加依赖于企业战略带来的竞争优势地位，其产生的原因更加受到企业的内外部政策、经济、社会和科技环境的影响。

对于企业而言，获取经营毛利与获取战略毛利所取得的效果是完全不同的。

就好比你背着沉甸甸的包裹来到 × 楼一层大厅，准备回到自己位于 18 层的办公室，这个时候，如果选择背着东西爬台阶，这种行为就是企业获取经营毛利，是非常费力的。

图 2.12　人背着沉重的包裹爬台阶，是很费力的

如果带着同样的东西，这个时候在 × 楼一层大厅选择乘坐电梯回到位于 18 层的办公室，既能到达目的地、实现目标，而且花的时间更少、人更轻松，那么这就是企业通过战略规划、路径选择后获取的战略毛利。

图 2.13　即使有像小山一样多的包裹，坐电梯上楼也轻松多了

相信很多人都会选择"坐电梯"，但是在实操过程中，我们遇到的问题会复杂得多：

- 首先要找到电梯。
- 接着要选对电梯（不能要去高区却坐上了低区电梯）。
- 如果东西多，更要考虑怎样分批带上楼。

（略）

以上这些对应到战略思维中，就是战略规划、路径选择、任务分解等，只有做到了这些的企业，才能坐上"电梯"，搭上战略发展的"快车道"，一举超过那些思维格局还停留在单纯企业经营的同行、竞争对手。

图 2.14　不认识路的话，对多个方向的电梯感到很茫然，不知道选哪个

5．战略制订与计划制订一样吗

战略制订与计划制订当然不一样。

战略一词的原意是"极其重要的东西""策略，计谋"。企业的战略制订是谋划企业发展长远性的、全局性的、根本性的方针、谋略，确定企业任务，认定企业的外部机会与威胁，认定企业内部优势与弱点，建立长期目标，明确"我们是谁""我们要去往何处"，是"定目标、定策略、定主要控制点"。

企业经营计划的制订，是按照企业的发展战略目标，制订更加细化的实现步骤，包括在每个更详细的阶段所需的实施内容、进度、管理的量化标准，以及计划的更新调整。相对于战略的制订，计划的制订更加细致、精确，复盘的频率更高、更密。

以华为为例：

在制订战略规划并监督执行时，会通过规划和讨论会的形式，最终明确战略规划。

从战略规划伊始，战略管理部门驱动各个业务单元开始做战略，各业务单元根据公司的战略指引进行市场洞察，对洞察到的机会点由区域营销和产品研发进行讨论、PK、共识和互锁，机会点确定之后进行业务设计并分解形成关键任务。

同样，也需要区域营销线和产品线进行讨论和互联，这个环节会持续4～5个月，中间进行的各种会议就是规划和讨论会，最重要的目的只有一个：对机会点和战略规划达成共识。

6. 战略领导力是怎样形成的

有别于一般意义上的管理也就是"制订计划预算、组织调控人员、控制和解决问题、一种维持的短期行为"，企业的战略领导力是"设定方向、团结成员、激励和鼓励、一种发展的远视行为"。

所以，**企业的战略领导力是"引领员工去他们从未去过地方"的能力**。领导者需要做好关键的三件事包括：

- 指明方向，这是领导者不可推卸的责任，与"从未去过的地方"有关，与事相关。
- 影响众人，反映的是领导者对人情世故的把握，关乎领导的人际影响力，与"员工""他们"有关，不是自己一个人想去，而是一群人都愿意去，与人相关。
- 以身作则，是一条再怎么强调都不过分的领导力准则，以至于任何忽视了这一准则的领导力理论都视为胡扯，与"引领"的能力相关、与自己有关。如领导者不能做到以身作则，那么其他一切就被一齐放倒了。

领导者必须切实做好这缺一不可的三件事，才能形成企业内部强有力的领导力，这是由领导者自身所要履行的责任决定的。

好领导自身要履行的责任，三者缺一不可

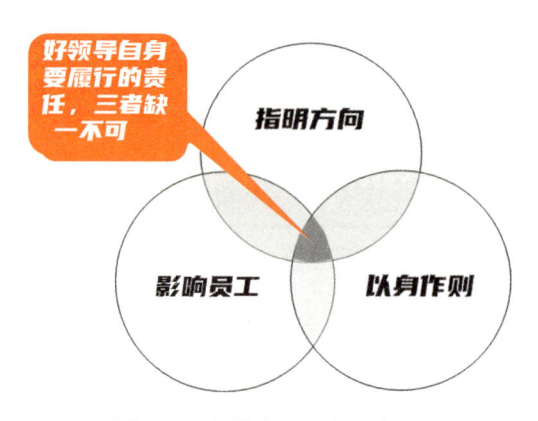

指明方向

影响员工　以身作则

图 2.15　领导力三要素组合图

7. 战略评估如何展开

战略评估是战略实施阶段重要的活动之一。

通过对影响并反映战略管理质量的各要素的总结和分析，判断战略是否实现预期目标的活动。

战略评估包括三项基本内容：

（1）对战略制订后的内外部环境的变化进行分析；

（2）对战略的实施结果进行定期的、循环的评估；

（3）对战略作出必要的修改。

但是，从生物进化的角度看，快速适应环境的变化并取得生存与发展的竞争优势，就不能仅仅满足于做到上述三项基本内容。

这也是很多企业自己在做战略规划、执行过程中，常犯的错误：该做的内容都做了，但是，却是以惯性的思维继续在原有的维度里线性地发展。

进化战略有别于传统战略最重要的是进化、突破、升维！重要的事情说三遍，只有升维思考，才能降维打击！

所以，在后续的章节中，我们将看到，进化战略的评估将会在三个由低到高、依次进阶提高的阶段进行，即开放耦合阶段、快速孵化阶段、主动进化阶段，从战略核心要素到执行支撑点，进行系统化的升维评估、筛选进化。

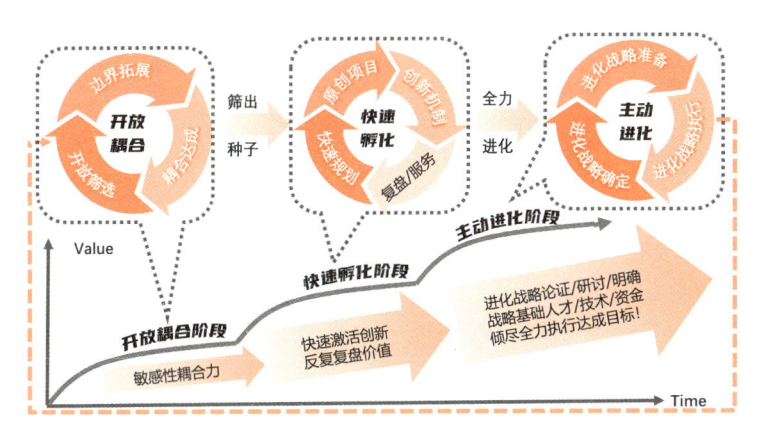

图 2.16　企业战略"进化三阶"模型

8. 战略执行又是什么

每次的战略规划,都始终着眼商业大环境的变化,包括客户的变化、机会的变化,以及竞争格局的瞬息万变。

而每一次战略执行,快速进化的企业都要迅速调动多种要素,包括人力资源要素、产品解决方案要素、管理流程要素,这种高效的执行力将是进化成功的有力保障。

通过战略规划制订与执行的核心工具,进化战略的执行支撑要点包括:关键任务、企业文化、人才和组织。

关键任务, 是连接战略与执行的轴线,能给出执行的关键事项和时间节点,并对企业的流程改造提出具体要求。

企业文化, 战略执行到位的企业,普遍拥有开放、共享的企业文化。

人才, 要有相应的人才去完成战略的执行,企业要有包括培养、激励和保留人才的措施。

组织, 是战略执行的保障,以华为为例,在展开新业务的时候,总是舍得投入人力和资源,同时建立相应的组织结构、管理制度、管理系统和考核标准,否则执行的结果会大打折扣。

9. 战略复盘不可或缺,为何老缺

说来有意思,有个企业管理的段子,问:能否找到一个"全球企业的通病?"答案是:重战略制订、轻战略执行、无战略复盘。

大多数企业在制订发展战略之后，因为并没有制订从规划到执行的管理工作流程，从而导致战略在执行的过程中受到内外部实际情况的影响，与最初做战略规划时的初衷存在较大的差异，并且因为缺少必要的复盘机制，或缺少相关责任人，导致战略执行过程中问题发现不及时、执行后缺少复盘机制，令战略的达成效果不尽如人意。

战略管理部门针对这一问题，需要通过建立从战略规划到执行的流程，确保战略规划在执行的过程中与完成后得到充分的复盘。

高效进化的企业在制订战略规划并监控战略的落地时，主要通过三类会议进行：规划和讨论会、战略健康度审视会（半年开一次）、战略执行审视会（半年开一次）。其中，后两者是确保战略复盘有效执行的制度保障。

- **战略健康度审视会：** 通过半年开一次会议来审视做的事情是否正确。因为战略是面向未来不确定的事情，需要根据未来发展情况不断迭代、调整和刷新，需要看关键内外部环境有没有变化，关键假设有没有变化。如果有变化，可能需要对战略的定位、方向、节奏和路径作微调，解决战略规划纠偏的问题。

- **战略执行审视会：** 假设战略都是对的，看战略是不是执行到位，战略动作是不是到位，每个措施是否达到了衡量指标，资源配置是不是到位，上下级的相互承诺有没有问题。

许多企业正是因为缺少这样的战略健康度审视会、战略执行审视会这样的职能设定，从而让战略复盘工作总是缺席。

图 2.17　战略复盘的缺席如拄着拐杖的人走路

第三章

入门：开启小步快跑的
"有效进化"

一、从"开放"到"主动",形成企业的"弹性",强化进化的力量

正如前文中提到的,企业所处的商业环境与生物所在的自然环境一样,都充满了变化与不确定性。

而从新冠肺炎疫情暴发以来,这种变化与不确定性呈现出愈演愈烈之势:

- 市场的供需关系发生了巨变,人们对于产品与服务的性价比的关注度有了前所未有的提升。
- 市场的供应链发生了巨变,国际海运价格在2021—2022年的两年中经历了"过山车式"的波动,供货周期也受到疫情管控的巨大影响,传统供应链的JIT(及时响应)变得难以为继。
- 国际环境也发生了巨变,俄乌战争就是2022年最大的"黑天鹅",彻底地改变了全球的地缘政治格局和经济结构,导致去全球化的速度加快,经济合作组织间的重新洗牌加快了进程。

以上这些,都给企业和人们的生活带来巨大影响的不确定性与变化。看似不经意间突然发生,但是如果仔细地观察与分析,许多突发事件在很久以前就有慢慢发酵的过程。

这样的改变、这样的不确定性,之所以让人感到不适、让企业感到无所适从,是因为其中蕴含的风险,让个人和企

业都失去了安全感。而个人的生活与企业的发展非常厌恶风险，风险意味着让人感觉失控。

所以，面对不确定性，人类最自然的应对策略，就是"回到熟悉的世界里，找回安全感"。而这就是企业与个人面对变化时，不主动应变，选择保守的内在核心逻辑。

图 3.1 这个世界变得太快、太没有安全感，好烦

安全感来自确定性，同样地，机会也隐藏在变化与不确定性中。

就像世界著名 F1 赛车手埃尔顿·塞纳所说的："你不能在晴天超过 15 辆车，但在下雨天你可以。大雨越是倾盆，道路越是泥泞，你越有机会弯道超车。"

图 3.2 F1 赛车在大雨滂沱中，就有弯道超车机会

《道德经》中说：祸兮，福之所倚。只要具备进化战略的能力与眼光，从那些被雨水和泥泞遮蔽的弯道中，我们就能找到超车的机遇！所以，面对变化与不确定性，个人与企业就不能贪恋保守的舒适区，必须主动地进行战略思考与审视，快速地激活自身的创新能力，从而主动地实现自身的进化过程。

这个时候，就需要用到企业战略"进化三阶"的模型，给我们以系统化的科学的手段。

"主动"是企业进化的战略态度，"开放"是企业进化的思想格局，"进化三阶"模型是企业进化的方法工具，"弹性"则是企业进化的战略空间、是化解意外的能力，最终帮助企业夯实度过危机的战略基础，并且获得持续进化的力量。

那么，究竟什么才是企业的"弹性"呢？我们可以从以下两个案例中寻找答案。

第一个案例，新东方的 200 亿元。

2021 年，新东方的董事长俞敏洪遭遇了常人难以想象的"意外"，之前新东方在教培行业，已经构建了强大的产业"护城河"。但是，随着政策的重大调整，突然之间，教培产业的这个"城"没了，于是这条"护城河"的价格，瞬间跌去了 95%。

学生学费的收入突然没了，而教职员工的工资依然要付、各种经营成本要支出，预收学生的学费也必须退还。

这时，行业内大量教培机构发生了现金流断裂、退不出学费、发不出工资等重大问题，更有甚者，老板欠款跑路，一地鸡毛。

但是，俞敏洪没有这么做。他宣布：退还所有学生的预缴学费，支付所有老师的离职工资。甚至他还把退租教学点后多出来的 8 万套课桌椅，捐给了乡村学校，非常有担当！

当媒体问到俞敏洪，为了实现这份担当，新东方需要准备多少钱？俞敏洪回答："200 亿元。"

200 亿元，这是多少上市公司，一辈子都挣不来的钱。正是这 200 亿元，给新东方的经营在遭遇行业重大的变化与打击时，带来了巨大的战略"弹性"。

其实，这已经不是新东方第一次遇到这样的问题。

2003 年，SARS（传染性非典型肺炎）期间，俞敏洪其实遇到过一次类似的危机。受当时的疫情影响，也是突然就不能上课了，收入没有了，但支出还很大。

俞敏洪当时非常焦虑，只能四处找人借钱。最后，一个好朋友连借条都没有让俞敏洪写，就给了俞敏洪 3000 万元。靠着这笔雪中送炭的 3000 万元，新东方度过了那次危机。

从此以后，俞敏洪就要求在新东方的财务账本上，始终要有足够退还学员的所有学费、支付所有职工工资的现金。面对再大的诱惑，这笔钱都坚决不能动用，除非换掉俞敏洪这个董事长。

图 3.3 "主动转型"赋予了新东方战略新生

第二个案例，丰田的库存。

在汽车产业内，日本丰田汽车公司提出过一个著名的管理理论，叫 JIT（Just In Time），即时生产。

某一天的15：00，丰田汽车的流水线上，要装配一辆汽车。一看清单，还缺一个配件。怎么办？从库房调货吗？不。"即时生产"的流水线，是不备库存的。

那怎么办呢？

丰田会通知配件供应商：请在今天14：30，把这个配件，送到流水线门口。14：30，配件果然准时送到，于是，流水线立即装配，这就是"即时生产"。

即时生产大幅度降低了丰田汽车的生产成本与供应链的等待时间，也带来了丰田汽车的巨大成功。当时，丰田汽车以此获得了远超欧美竞争对手的成本优势、效率优势。以至于美国通用汽车这位业界"老大哥"都不得不远赴日本取经。

但是，这看似极致的"效率"背后，也有着同样极致的脆弱性。万一供应商自己也没有库存呢？万一车抛锚在路上呢？当然，很多人会说："那不可能，我们的供应商都非常专业。"

是的，在岁月静好的时候，丰田汽车的JIT供应链不会出现卡顿。可一旦遇到真正的意外，那就不一定了。

2020年5月，丰田汽车宣布，因为全球疫情，导致配件缺货，他们在日本的多家工厂停产。再专业的供应商，也无法"准时"把配件送到流水线门口了。而缺一个配件，汽车就无法生产。丰田汽车的"即时生产"，变成了"随时停工"。

怎么办？

丰田最终宣布，开始囤积汽车配件。用库存，来增加弹性；然后用弹性，化解意外。虽然，这增加了成本，但是意外猝死的代价更大。

是的，弹性是有成本，这就像全世界各大汽车公司可以把绝大部分的经费，都花在发动机上，以获得让人惊叹的速度一样。但是，各大公司都会留下资金，给车配个安全气囊。因为，弹性，可以化解意外。

图 3.4　丰田的库存保证了流水线的运转

企业就像自然界的生物，随时会遇到危险，也随时可能遭遇意外。所以，必须保持弹性，用弹性化解意外，这样才能做到"存心时时可死，行事步步求生"。

二、企业战略进化的三大阶段

1. 敏锐地观察市场的变化——开放耦合

从"进化三阶"模型中,我们可以看到,三大阶段是循环、逐级提升维度的。特别是在第一阶段,也就是开放耦合阶段,企业就必须开始敏锐地观察市场的变化。

开放耦合阶段强调的是"有目的地让知识流入和流出,以加快企业内部创新",并重点指出外部知识资源对于企业创新过程的重要性。在这个过程中,企业成为其他组织的知识源,将内部有价值的创意、知识、技术输出到组织外部,由其他组织进行商业化,而企业在此过程中也同时获益,有些公司采取将知识的"流入"和"流出"结合起来创新的策略,从而为下一阶段筛选出创新的种子。

- 开放筛选,是通过广撒网的方式,分析市场的变化与产业趋势的端倪,找出企业所在产业变局点,海量地吸收市场上的各类信息。
- 边界拓展,根据收集到的信息与知识,企业逐步将未来的战略辐射方向划分为"想做"(也就是由企业的愿景、使命驱动)、"能做"(也就是由企业的资源、能力驱动)、"可做"(也就是由企业的产业环境与机遇驱动)

三个部分，并且每个战略辐射的范围尽可能地拓展。
- 耦合达成，将上述"想做""能做""可做"合而为一，三者的交集就是企业在战略层面最应该做出的选择（见图 3.5）。

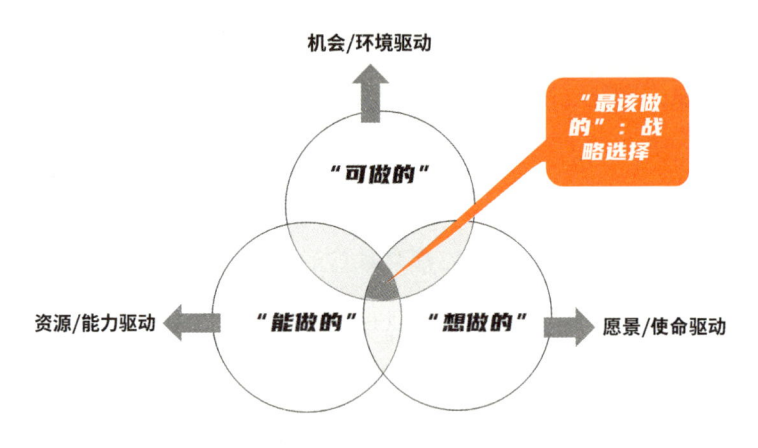

图 3.5 战略选择"三合一"示意图

在互联网和数字经济时代，企业仅仅依靠内部研发资源进行高成本的创新活动，已经难以在快速变化的市场和日益激烈的竞争中取胜。

开放耦合式创新能有效拓宽企业的知识来源，提供更多的创新选项，进行更灵活的创新投资，同时还能缩短新产品上市的时间，提高创新成功的概率，以及降低创新的风险和不确定性。

如今，开放耦合式创新已经成为领先企业普遍采用的创新机制。

2. 抢占巨变中的战略先机——快速孵化

企业的快速孵化阶段是将开放耦合阶段筛选出的种子项目进行快速规划，形成企业的原创项目，根据项目的产业特点构建创新机制，快速投入市场进行试错，并且根据市场的反馈，实时复盘公司的产品与服务。

整个过程着重强调快速激活创新、反复复盘价值，以"快"字抢占巨变中的战略先机。

3. 落实战略规划的执行——主动进化

完成了对种子项目的快速孵化后，企业就必须围绕执行的各个维度，以论证、研讨、明确进化战略，配备、夯实人才、技术、资金等战略基础，倾尽全力执行达成战略目标。

为了细致地落实进化战略三大阶段的工作，就需要我们按照第四章中的细化模块，逐步拆解、落实，最终实现有效进化！

第四章

进阶：两把钥匙帮助企业实现"有效进化"

一、选择路径，企业进化的"第一把钥匙"

1. 环境扫描要清晰：分清环境是渐变还是突变（开放耦合阶段的重点）

正如前文提到的，生物的灭绝与进化是应对外部环境的结果，外部环境的变化对于企业的存续与进化具有极大的影响力。

当外部环境处在相对稳定且持续发展的状态中，我们的企业就很幸运地处在一个非常友善的"恒纪元"；而当外部环境告别了之前稳定发展的状态，开始发生愈演愈烈的变化时，我们的企业就迎来了"乱纪元"的挑战。

不过，对于外部环境的这种变化，企业在具备了战略思维后，就可以通过各种途径进行提前研判，从而找到应对之策。

对于外部环境的变化本质，应从以下四大维度着手进行分析。

（1）政治环境，**为什么很多成功人士都表示自己最喜欢看的电视节目是《新闻联播》？**因为，《新闻联播》传递出的是未来5~10年产业政策的指导方向，而这些变化会在3~5年后传导到产业的细分市场，从而对产业的发展趋势带来战略性的变化。

第四章 | 进阶：两把钥匙帮助企业实现"有效进化"

改革开放四十多年来，每个阶段的产业大发展都有政策的先导影响，如以邓小平同志"南方谈话"为标志，我国正式确立了以市场经济为主的发展基调；加入WTO（世界贸易组织），外贸从此成为我国经济大发展的三大引擎之一；取消福利分房，大力发展商品房，全国楼市进入发展黄金期；消除金融风险，房地产行业就此告别"黄金时代"。

图4.1 看似繁忙复杂的商业世界，背后也有着清晰的逻辑

（2）经济环境，直接决定了市场、人群对于未来的预期。当整体经济环境处在快速发展的周期，市场对于未来的预期将会非常高，人们也因为"今天花出去的钱，明天就能赚回来"，乐于消费、勇于投资，整个经济市场也变得愈加活跃；反之，当对于未来的经济预期普遍悲观，人们都"捂紧钱袋，准备过冬"的时候，市场的复苏又怎么会到来呢？

所以，**在制订战略的时候，审视我们所处的经济环境，在哪个周期**，再考虑做怎样的选择。战略选择没有好坏之分，只有适合的选择，才能帮助企业、个人在当下的环境中，适应变化、有效进化；在竞争中存活、发展，最终脱颖而出。

图 4.2　找出周期，遵循规律，顺势而为

（3）社会环境，仔细地观察一下，看看我们身边是老年人多，还是年轻人多；是追求发展的多，还是"躺平""佛系"的多；是以市场化发展为主要特征，还是以宏观调控管理为主要特征。不同的社会环境，总会给我们带来不同的选择考量。

当我们步入人口老龄化社会，并且老年人的消费能力占据社会消费能力的主要板块时，技术的商业化应用、消费层面的场景开发、商业模式的设定，都与以年轻人为消费主力的社会有着截然不同的状态。

第四章 | 进阶：两把钥匙帮助企业实现"有效进化"

全社会以追求发展为基调，那么从基建到日常消费用品的投入与更新迭代的频次，都远远大于以"躺平""佛系"为主基调的社会，由此带来的宏观层面的投资导向、企业层面的资金动向，以及个人层面的消费偏好都完全不同。

处在完全以宏观调控管理指令为主的社会环境里，个人与民营企业能发挥的经济空间是非常小的，很难通过自身的战略调整对经济条件带来改变；而完全市场化发展的社会环境，并且其营商环境也在不断地优化中，那么，个人与企业积极投身经济的发展的意愿与动力都将获得极大的调动。

图 4.3　不同人的关注点是完全不同的

（4）技术文化环境。人类社会的每一次技术革命，随之而来的就是一次次的财富浪潮，从工业革命、电气革命、半导体时代、互联网时代，再到移动互联网时代，以及未来可能到来的可控核聚变时代，每一次时代的变化都将产生如欧美的大型钢铁企业、通用电气、克虏伯、微软、苹果、亚马逊等企业，我国的阿里巴巴、腾讯等代表性企业。

图 4.4　蒸汽火车的发明，当时带来了全新的产业发展

把握由技术变革带来的产业机遇，是个人与企业通过战略选择快速突破当前发展格局的最佳契机。然而，对于技术变化的应对，我们并不能单纯地"求大求全"，根据产品与服务的不同特点，终端消费群体的不同偏好，对于技术的更替，大致可以分为三种不同的类型：

第一种，随着技术更新而更替。

以手机为例，社会的主要成年消费者，当使用的品牌发布新款之后，许多消费者会选择更换自己正在使用的手机，虽然，正在使用的手机还远远未达到设计使用寿命的年限。此时，技术的革新是一方面的原因；另一方面，相应的社交圈层的认同感、自我价值的认可与实现等相关因素，才是做出选择的根本原因。

第二种，随着设计使用寿命而更替。

日常生活中，我们以商用笔记本电脑为例，除了专业设计师外，大部分用户往往不会高频次地更换，即使有新款商用笔记本电脑面市，大部分商务用户也会使用手头的笔记本一直到产品的设计使用寿命。因为，一方面，处理商务工作中涉及的软件应用，新旧款笔记本电脑间的差距不明显；另一方面，为了确保不受电脑寿命到期而产生问题的影响，大部分商务用户会主动更换设计使用寿命即将到期的电脑。

第三种，一直到不能用了才更替。

还有很多日常生活中的例子，比如家中的冰箱，如果不是出现了故障，很多消费者都不会注意到相关技术的迭代，也不会关心家中冰箱的设计使用寿命到底是 8 年还是 10 年，更换冰箱的契机，往往是冰箱出现故障不能用了，或是重新装修更换冰箱。

通过上述四大维度的分析，就可以比较全面地从宏观层面了解外部环境的整体趋势，帮助我们提前感知环境的变化。当提前感受到环境中透出的丝丝寒意，企业和个人就能够再通过接下来的市场洞察、创新焦点、进化意图、业务设计和资源组合这几个方面的梳理，做好应对寒意的准备。

所幸的是，我们所处的市场外部环境并不是那种完全混沌、无序的"乱纪元"，而是在竞争加剧、跨界频繁之中，背后依然有着严谨的商业战略逻辑支撑的"弱·乱纪元"。

战略的环境扫描，首先是分清自身所处的环境是"恒纪元"（整体稳定）还是"弱·乱纪元"，特别是"恒纪元"与"弱·乱纪元"之间相互交替、互换的客观规律，以上述维度的环境扫描不可或缺。

当我们注意到原先的"恒纪元"在四大维度上发生变化时，这时候就是原先的环境即将发生渐变的征兆，启动自身的战略进化机制，可以提前为环境的变化作好准备。

而最令企业与个人猝不及防的，往往是突发事件导致的环境突变。比如，新冠肺炎疫情、俄乌战争等，企业与个人很难提前预知、避免其发生，但是通过平时养成的良好的战略扫描、有效进化的习惯与机制，却能更好地应对由环境突变引起的市场波动，更好地在"寒冬"的打击中幸存，等待"春暖花开"的到来。

接下来，就需要我们继续从市场洞察这个端口，继续深入。

2. 市场洞察要全面：因势利导，才能事半功倍

有效的市场洞察就是对市场、对客户进行全新的、逐步

厘清的了解，对特定市场环境所表现出的文化的理解力，从一些端倪中及时发现市场终端消费者的需求变化、合作伙伴的异常举动、营销趋势的最新动向、竞争对手的市场动作等，应及时做出正确判断，随时做出反应。

上面这段话有点拗口，为了更加方便理解，我们就以钓鱼为例，来理解全面的市场洞察中必要的"5 洞察 +2 确立"。

"5 洞察"也就是：

（1）**洞察产业趋势**，这就好像在钓鱼前，我们先要弄清楚池塘区域，首先要确定哪个区域有鱼？有哪些鱼？现在的时间段，是否是鱼儿的活跃期，开始出来觅食了吗？未来的一段时间里，鱼群会向哪个方向游？

对应到商业领域，我们就可以参考"环境扫描"中介绍的方法，只不过这里更加专注、聚焦于具体的产业，对产业当前的周期、未来的价值趋势走向进行系统化扫描，区别在于：我们需要在这里把思考的维度从更加宏观的外部环境，转化为更加聚焦的市场层面，从政策、经济、社会、技术的角度，找出未来产业趋势的大方向（也就是鱼群会朝哪个方向游），这将会是未来战略中需要重点关注的潜在细分市场。

（2）**洞察竞争态势**，就像在钓鱼的过程中，我们选好了大致的区域，就需要了解周围的钓友有哪些？人数是多少？他们的钓具是怎样的？用的是什么鱼饵？我们是否要和其中的钓鱼高手错开距离？

对应到商业领域，就是我们在评估未来的战略目标市场的竞争形势中，会有哪些竞争对手？他们的优势与劣势是什么？经过一段时间的发展后，是否会有新的竞争对手出现？目标市场终端消费者的显性需求与隐藏需求是什么？

（3）**洞察自身条件，**在垂钓的过程中，我们也会结合环境、场所、钓友的情况，对自己的实际情况做出评估，自己带的钓具和自己的水平，应该选择哪个位置。

对应到商业领域，根据市场与产业的趋势，自己的优势与劣势各是什么？面对显性的竞争者与隐性的竞争者，自己的核心竞争力是什么？应该采取什么措施，才能筑起"护城河"？

（4）**洞察客户意向，**这些鱼怎么咬钩？喜欢吃啥鱼饵？喜欢哪片水域？

对应到商业领域，这就会相对更加复杂一些。基于我国人均 GDP 的不断提升，叠加社会老龄化的"银发经济"日益临近，整体的消费偏好都会发生变化，由原先适合中壮年的消费模式，逐渐转换为更高品质要求的、适合老年人应用场景的消费模式。同时，近年来蓬勃发展的"国潮风"，又是另一种全新的消费趋势，既是对之前欧美、日韩主导的时尚潮流的一种创新，也是年轻消费者内心的文化觉醒。

但是，客户意向的变化，对于企业的应对将会是一项"牵一发而动全身"的系统化工程。

- 对于消费者内心情感与外在物理的需求变化，需要市场部门的敏锐观察。
- 对线上场景与线下场景的商业应用，怎样才能展现出消费者的内心诉求，又能满足实际的需要，有赖于市场部门与研发部门的共同探索。
- 根据消费者与市场愈加个性化的细分需求，供应链的响应模式也从产业升级后的效率提升进一步向"C2M，用户直接制造"（用户直接向供给端提出自己的要求，满足自身的诉求），供应链系统的升级将不可或缺。
- 对于不同年龄层的主力消费群体，能触动他们心弦并激发其消费意愿的理念、IP、创意等核心要素都将会是个性化的、细分化的，系统化地分析、研究并实现商业化的应用，是需要企业整个生态体系协同探索的。

（5）**洞察机会方向**，机会市场的空间有多大，也就是这里鱼多吗？未来的增长能持续多久，也就是鱼塘管理方多久补充一次鱼、鱼群多久洄游一次？

对应到商业领域，就是要思考"赚钱的方向是哪里？在那里，能赚多久的钱？"，包含对新机会的描述、价值空间的评估确定、新增长机会的分析、机会优先级的判断、明确机会的范围与定位、总结机会对公司未来战略发展的意义等。

图 4.5 鱼塘钓鱼也需要"洞察"

"2 确立"也就是：

（1）**确立针对目标市场发展的细分战略目标及分阶段的里程碑：** 在现阶段，对于未来的发展虽然可以梳理出大致的方向，但是定性的判断必须按照发展的年限进一步地拆解，3～5 年的战略发展总目标可以先按照年度拆分为二级子目标，然后再拆分为季度的三级子目标，并且明确每个节点要**"执行什么任务、实现什么目标"**。

（2）**确立阶段性的财务目标体系：** 定性的目标必须结合量化的指标，才是客观、可行的。"有效进化"的一个很重要的标志，是尽可能地在战略发展的过程中减少浪费与无效投入，这就需要从公司领导层到战略执行层必须在财务方面变"事后补救"为"预先管理"。

很多企业对于财务的理解就是"事前做个预算、当中管好收支、事后发生问题再分析原因",工作的重点往往集中在事项发生后的财务报表的编制、分析、归类,是对已经发生的问题的分析、补救。很难对过程中发生的浪费加以纠正。

财务方面的预先管理,除了明确大致的支出预算,更需要做到以下几点。

- 分等级制订财务目标,面对快速进化的市场环境,如果仅仅制订一个目标,往往会限制企业发展的应变能力与员工的积极性,科学的财务目标可以分为"目标值"(也就是公司希望达成的)、保底值(也就是公司能接受的最坏结果,一般是目标值的80%~85%)以及挑战值(也就是公司跳一跳能够得着的,一般是目标值的115%~120%),配合相应的绩效机制,能够更大地激发公司上下的动力。

- 加大财务管理的频次,公司管理层不能像以前那样只关注企业的半年报、年报,而应该在战略部门与财务部门的协助下,在掌握上个季度的财务实际运营情况的同时,对未来3个月、半年的财务发展计划,作进一步的更新,以确保财务计划更加贴近实际。

- 确保财务结构的健康,公司的管理层一定要关注"真正的资产",即能在未来3个月、半年、一年内为公司带来现金流的产品、服务、项目;尽可能减少"实际的负债"，也就是会在未来 3 个月、半年、一年里带走公司资金的产品、服务、项目；密切关注"账面财富"，也就是以应收账款为代表，实际没有为公司带来现金流的项目；提前规划"隐形支出"，也就是未来的战略发展可能需要的资金、相应的税收支出计划等。

图 4.6　捧着粮食都会笑……手里有粮，心里不慌

完成了上述阶段的工作后，我们基本上就能筛选出大致的战略耦合区域。接下来，就进入了快速孵化阶段，在这个阶段中，创新就成为重中之重。

3. 创新焦点要聚焦：找到企业"基因突变"的大方向

毛泽东在《中国革命战争的战略问题》第五章第九节中提到："对于人，伤其十指不如断其一指；对于敌，击溃其十个师不如歼灭其一个师。"

图 4.7 "伤其十指不如断其一指"是个好战术

从企业战略的角度来看,为实现自己的战略意图或者持续的优势,必须积极探索、验证和紧跟市场的趋势与变化,但是一个企业自身的力量毕竟是有限的,所以要从三个维度思考也就是"大处着眼",聚焦于一个突破点也就是"小处着手",找到适合于企业自身的"基因突变"的大方向。

(1)第一维度即未来业务组合,企业的产品和服务要随着价值区的转移不断地发生改变。

理想的业务应当是三类业务的组合:

第一类叫作核心业务,就是正在给企业贡献营收与现金流的业务。

第二类叫作成长业务，是在未来 3～5 年内，每年可能都会有非常快的成长，在 3 年以后可能就会贡献企业业务份额 30%~40% 的业务。

第三类叫作新兴机会，就是企业现在还吃不准，但是大家都在尝试的业务。为了不掉队，企业可能也要去尝试。俗话说，吃着碗里的，看着锅里的，想着外面的。这就形成了业务组合的三大维度。

图 4.8 吃着碗里的，看着锅里的，想着外面的

但是，在实践操作的过程中，在构建三类业务之前，必须要明确一点，也就是"创新必须从实际出发"，**企业增长的出发点首先是继续做强现有的竞争对手"打不死的业务"，稳住根基**，才能通过对多元化业务路线的梳理与筛选，进一步明确新的业务增长方向。

第四章 | 进阶：两把钥匙帮助企业实现"有效进化"

图 4.9　打造战略核心业务基础，犹如打地基

也就是围绕着核心业务，然后逐步向外扩张。当企业活下去不是问题的时候，就要开始对核心业务进行梳理，**把核心业务做大做强，力求成为行业翘楚或者成为细分市场的领头羊**。然后，可以根据关联程度寻找相邻市场，并把这些新的业务与主业进行非常精巧的匹配。

这时，企业需要更新整个业务系统，并对其进行重新评估，确保整个业务体系形成相互促进、相互延展、相互强化的局面，并使他们保持良性运行。

（2）第二维度也就是模式创新，任何一个企业习以为常的盈利模式，在很大程度上，都是由过去来决定的。因为在过去的某个时间点，当时企业自身的战略想法，当时的市场

条件，结合当时企业的资源条件决定了选择怎样的一个模式，而 10 年、20 年之后，原来这个模式能挣钱的前提条件，要么发生了根本性的改变，甚至于之前的条件、基础已经完全消失，这个时候如果不在模式上做创新，就无法保证企业在未来的 5~10 年内可以继续盈利。

（3）第三维度也就是资源利用，企业需要跳出自身产品、服务的范畴，思考怎样以自身产品、服务为出发点，与更多的产品或服务（既可以是企业自己的，也可以是外部的）相结合，给予终端客户更加优质的服务体验。

比如，近年以小米为代表的生态构建企业，通过自己的产品（手机）作为智能终端，将客户线下应用场景中的各类电器通过 App 联系在一起，提供客户综合性的全屋智能家居的场景体验，将原本相互独立的各个家用电器，整合成资源集成的生态体系，从而夯实了企业自身的竞争优势。

当然，我们要明白的是"**创新对于任何一家成熟企业或个人而言，都是不容易的**"，因为创新代表着对过去成功模式的颠覆，而且是自我颠覆。

所以，在一开始，会有一个难分黑白的灰度周期。在这个灰度周期里，让用户的口碑决定创新是生还是死、是黑还是白。企业和个人对于创新的各种探索要容忍失败，允许适度的浪费，鼓励内部竞争和试错。

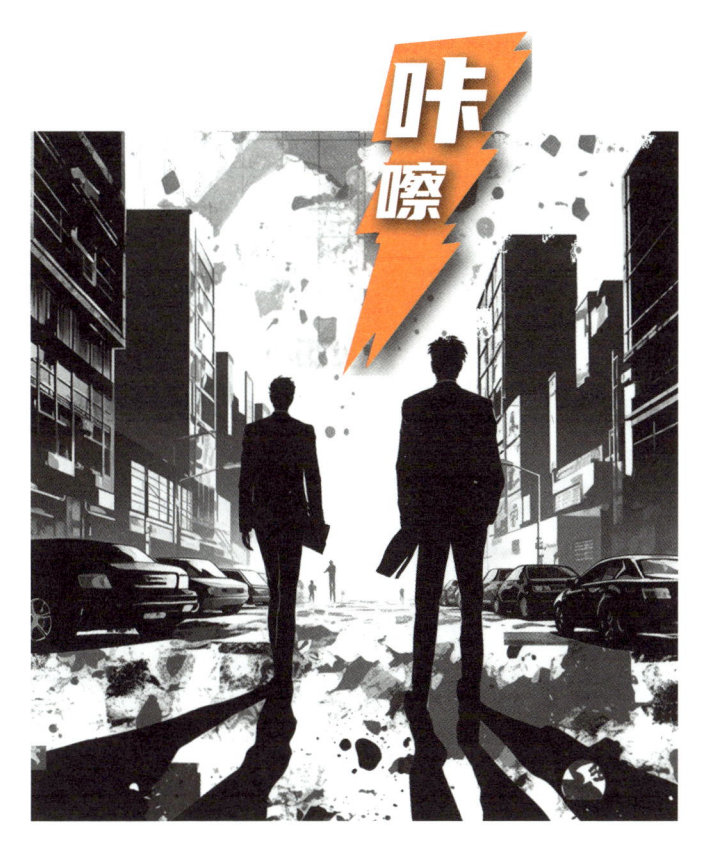

第四章 | 进阶：两把钥匙帮助企业实现"有效进化"

图 4.10　有时需要从混沌中开出一条光明的新路

企业创新的道路就是我们所说的"基因突变"的大方向，只不过与自然界的不同之处在于：有着良好战略思路的企业或个人，可以通过"5 要做、3 不做、3 坚持"，最终确保自身"基因突变"的过程尽可能多地处于可控的状态里，实现与新环境更加适应的自身进化。

首先，企业和个人在创新时必须要做以下 5 件事。

（1）对创新机遇的来源进行彻底思考，也就是创新是来自"很少注意到的工业结构和市场结构的变化""思维认知的变化""意外的事件或灵感""新知识的出现"等，也就是我们上文所述的外部环境变化中的哪一种，然后进行有组织、有系统和规律性的分析和研究。

（2）多看、多问、多听，创新既是理性的又是感性的，切忌闭门造车。先分析出要满足某个机遇所必需的创新，然后走进人群，观察顾客和用户，了解他们的期望、价值观和需求，从中看到自己的机遇。

（3）创新必须简单明了，目标明确，专注于创新能够满足的特定市场需求，或它所产生的最终结果上，一次只能同时也是真正地解决一件事、一个问题，所以，大胆地假设，严谨地求证，并且在最终的产品、服务上要尽量结构简单、易于操作，确保创新成果的可靠性与推广性。

（4）小步快跑，努力专注做一件事，开始时用少量资金、少量人手，针对小规模的市场，小船好掉头，在奔跑中调整姿态，切忌贪大求全，非要等万事俱备，那么很有可能就会错失先机。

图 4.11　小步快跑，在奔跑中调整姿态

（5）创新的最终目标是取得市场领导地位，唯有足够的创新性才能有所建树，取得市场支配地位，否则其结果最多只能成为追随者，在薄利中进一步地丧失自身的核心竞争力。

其次，企业和个人在创新时坚决不要做的 3 件事包括：

（1）创新不要太过聪明，正确、高效的创新必须让普通人也能操作，若只有高智商的人才能看懂操作流程，几乎注定会失败，比如苹果的手机与 iPad，在开发初期，公司就确定了标准，就是产品能够让 3 岁的儿童也能使用，从而最大化最终创新产品的受众。

（2）不要一次解决太多的问题，很多时候专注就是一种战略，不要过于多样化，偏离核心而变得散乱，长期停留在创意阶段。时刻牢记必须围绕一个统一核心，而市场知识是比纯知识和技术更好的统一核心。市场将所有的努力汇集在一起，要求实际执行的人员能够相互了解，而多样化和一心二用只会破坏这种统一的核心，在集成最终的成果时，"少即是多，多做减法、少做加法"。

（3）不要为未来进行创新，要为现在的问题或困境进行创新，除非创新的成果很快就能应用，否则它很可能会沦为一项聪明的创意而缺乏商业化的利润反哺，创新之路则难以长久。

最后，正确的创新必须要坚持3大要点：

（1）创新是持之以恒的职责，除了知识和聪明的才智之外，勤奋、毅力、专注、责任心和有目标，是必要条件；

（2）创新必须立足于自己的长处，并且这个长处又需要在气质上与新的机遇相契合，才能让创新者全身心投入；

（3）创新坚持以市场为导向，创新是经济与社会活动双重作用的结果，不能脱离市场和现实。

进化战略的确定、准备、再到执行，是主动进化阶段，也是有效进化的最终阶段。那么，其内在的核心逻辑又是什么呢？

4．进化意图要明确：厘清自身战略与环境变化的内在逻辑

在自然界、在市场环境中，企业与个人进化的目的究竟是什么？其实，说复杂倒也挺简单，那就是活下去，特别是在充满了随机和偶然性的环境中，更好地活下去。

生物进化的速度是由基因突变的频率和自然选择的强度

共同决定的。如果基因突变的频率很高，那么生物进化的速度就会很快；如果自然选择的强度很大，那么生物进化的速度也会很快。因此，生物进化的速度是一个动态的过程，受到多种因素的影响。

同样地，企业的创新、迭代也是应对外部环境变化的一种对策，如果外部环境的变化频率很高、市场与产业处在快速发展期，那么，此时企业的战略以及相应的组织架构、相应的人才结构都会处在快速的更新、迭代的周期；如果外部环境、市场与产业处在稳定的周期，那么企业的战略、组织架构、人才结构都不需要太多的变动。

- **产业的导入期，**由于新产业刚刚诞生或初建不久，而只有为数不多的创业公司投资于这个新兴的产业，此时创立投资和产品的研究、开发费用较高，而产品市场需求狭小（因为大众对其尚缺乏了解），销售收入较低，因此这些创业公司可能不但没有盈利，而且是普遍亏损。又因为这一时期的市场增长率较高，需求增长较快，技术变动较大，企业的战略重点就主要致力于开辟新用户、占领市场。

但此时技术上有很大的不确定性，在产品、市场、服务等策略上有很大的余地，对行业特点、行业竞争状况、用户特点等方面的信息掌握不多，企业进入壁垒较低。此时企业战略的投机色彩比较高，需要根据市场的实际反馈，不断调整策略，快速响应在这个阶段更为重要。

- **产业的成长期，**拥有一定市场营销能力和财务实力的企业逐渐主导市场，这些企业往往是较大的企业，其资本结构比较稳定，因而它们开始定期支付股利并扩大经营。新产业的产品经过广泛宣传和消费者的试用，逐渐以其自身的特点赢得了大众的欢迎或偏好，市场需求开始上升，新产业也随之繁荣起来。

与市场需求变化相适应，供给方面相应地出现了一系列的变化，产品也逐步从单一、低质、高价向多样、优质和低价方向发展，因而新行业出现了供给企业和产品相互竞争的局面。

随着市场竞争的不断发展和产品产量的不断增加，市场的需求日趋饱和。生产厂商不能单纯地依靠扩大生产量，提高市场份额来增加收入的战略，而必须依靠追加生产、提高生产技术，降低成本，以及研制和开发新产品的战略来争取竞争优势，战胜竞争对手和维持企业的生存。同时，在现有产业之外，企业在整体战略层面将会分出10%～20%的精力用于拓展新的产业方向，寻找下一个10年的发展方向。

- **产业的成熟期，**在竞争中生存下来的少数大企业垄断了整个行业的市场，每家都占有一定比例的市场份额，由于彼此势均力敌，市场份额比例发生变化的程度较小。

企业与产品之间的竞争战略逐渐从价格转向各种非价格

手段，如提高质量、改善性能和加强售后维修服务等。同时，由于产业成熟，利润逐渐降低，企业在整体战略层面将会分出 20%～30% 的精力用于拓展新的产业方向。

- **产业的衰退期，**由于新产品和大量替代品的出现，原产业的市场需求开始逐渐减少，产品的销售量也开始下降，企业开始转向其他更有利可图的产业成为当务之急，在维持现有核心产业的同时，砍掉利润无法覆盖投入与折旧的亏损分支，此时企业整体战略层面50%～70% 的精力用于新产业的开拓与运营。

5. 业务设计要靠谱：准确排列出未来重点发展的模块领域

业务设计回答的是企业如何盈利、如何成功的问题，反映了业务成功之道，是战略规划的利润落脚点，包括客户选择与价值主张、盈利模型、战略控制点、活动范围。

（1）客户选择与价值主张：主要产品是满足哪类客户群体的？哪类客户群体不在服务范围内？怎样协调现有市场和新兴市场群体？客户价值主张的特殊性在哪里？企业怎样能赢得竞争性差异？

（2）盈利模型：企业怎样赚钱？是传统的产品销售、服务协议、许可证和使用费？还是知识产权销售？在我们的业务领域主要通过什么来获得利润？我们开发了其他盈利模式了吗？

（3）战略控制点：企业如何确保为客户长期提供持续的

价值增值？企业如何保护自己的盈利模型和利润流？为了持续为客户提供核心利益和确保自身盈利，我们应具备什么样的核心资源或核心能力？

（4）活动范围：我们为客户提供什么样的产品、服务和方案？在价值链中，哪些活动自己做？哪些通过合作完成？我们对共同获利的合作伙伴（如渠道合作伙伴和供应商）的依赖性有多大？自己完成活动的策略和方式是什么？

6. 资源组合要高效：提高企业基因突变的效率、准确率与成功率

在中国商务环境内，企业的资源分为五大维度，也就是E（Entrepreneur）企业家，C（Capital）资本，I（Industry）产业，R（Resource）资源，M（Management）管理，共同构成公司战略不可或缺的五个资源维度，共同耦合成为一个以企业家精神和企业家能力为核心的公司战略架构。

图 4.12　和君原创 ECIRM 战略模型

从企业进化的过程看，一个公司的成长过程，就是不断地优选企业家，持续地聚集资本，占领最有规模和最有盈利能力的产业，整合和控制相应的产业资源，持续不断地进行组织变革和管理改进的过程。 在这个进化的过程中，任何一个要素的短缺或滞后，都将造成企业成长的停顿甚至导致企业整体的淘汰。

战略执行中的资源组合，就是持续提升五大维度中每个要素的量级和品质。

（1）企业家，永无止境地追求企业成长是企业家精神的魂魄，企业家的能力与才干是企业成长的大限。一个致力于成为蓝筹公司的企业，必须致力于营造一套优选企业家的机制和文化，或者能促使在位企业家持续改进其素质和能力，或者能以优替劣地实现企业家的有序更新和过渡。

（2）资本，也就是全方位构建和疏通企业吸纳资本的渠道，在资本规模、资本成本、资本增值率和资本循环的可持续性等四个方面塑造企业的资本强势，营造企业的资本竞争力。

（3）产业，也就是尽量淡出规模不足的产业，集中资源占领总量大、利基厚、盈利能力强的产业，而且要十分注重踏准产业生命周期和循环周期的节奏。

（4）资源，也就是不遗余力地发育、整合和控制产业资源，扩大资源的规模，改善资源的品质。

（5）管理，也就是完善公司治理机制，优化组织结构和业务流程，塑造良好的企业文化，持续提升管理水平，促进企业运营效率。

持续推动上述五大要素之间的性质适配、功能耦合和结构优化，是贯穿整个战略执行过程中的持续行为，或者基于资源重组业务和发育能力，或者基于业务重组能力和整合资源，或者基于能力发育资源和重组业务。

上述五要素中的任何一个要素，都会有其自主的演进轨迹和发展进程。有的往这个方向演进，有的往那个方向演进；有的发展快些，有的发展慢些。企业在需要保证五个要素之间性质适配的同时，还需要确保五要素之间演进方向的一致和发展速度的协同。

否则，过量的要素将形成闲置和浪费，不足的要素将成为"短板"而制约企业的总体效率和发展。在改进五要素的努力中，补短板的边际效果最大。所以，企业要致力于保持五要素各自发展过程中的协同性，重点是发现"短板"并补长"短板"。

企业还是环境的产物，它必须随时改变自我以适应环境的变迁。

在从小到大的成长过程中，企业更多是适应环境和利用环境。小企业在检视自身的五大要素时，是按照逆时针的顺序进行检测、规划，并发展。而自身的根本性优势的对角，往往就是企业当下的劣势。

在成长为产业领袖之后，大公司往往有着足够的产业实力，这时候公司可能主导产业的秩序和业态，领导产业的走势和方向，就是说它能在一定程度上改变环境。大公司在检视自身的五大要素时，是按照顺时针的顺序进行检测、规划，并发展。同样地，自身的根本性优势的对角，往往就是企业当下的劣势。

二、主动进化，企业进化的"第二把钥匙"

1. 文化塑魂：价值观在无形中改变所有人

（1）文化的"建设"才是核心。

以前经常听到有人说大话，企业文化很重要，像空气一样无所不在，制度流程解决不了的，企业文化能解决。有很多企业猜测，有这么神吗？

好啊，要多少钱没关系，这么神的文化，花这些钱值了，于是请这些所谓的"专家"来做企业文化。

做了之后呢？没看到这种空气的存在啊。但是，有些企业的企业文化，在很大程度上，确实也能起到所说的像"空气"一样的作用。这背后到底是怎么回事呢？

企业文化领域是一个最乱的领域，也是产生错误最多的一个领域。出现那么多的问题，当然不能说是企业文化的错，背后的一个关键本质是要区分"文化建设过程"和已经形成某种强有力的"文化结果"，这是不能缺少的必要前提。

企业文化"可以统一思想""可以塑造团队"等都是一个

结果，但怎么达到这个结果，这才是关键，其本质就是"建设"企业文化。

企业文化的价值模型，文化的发展都遵循着一种螺旋式上升的路径：创新导向、目标导向、规则导向、支持导向、高层次的创新导向，以此来进行企业文化的不断演进，推动着企业管理一步一步地迈向更高层次，并形成螺旋式上升的态势。

企业在不同发展阶段，会形成与此阶段相适应的文化类型，文化类型的形成与企业的发展历史、特征、风格、人员素质等因素有关。

成功的组织具有均衡的文化，四个类型的文化彼此交融体现在组织日常运行中。

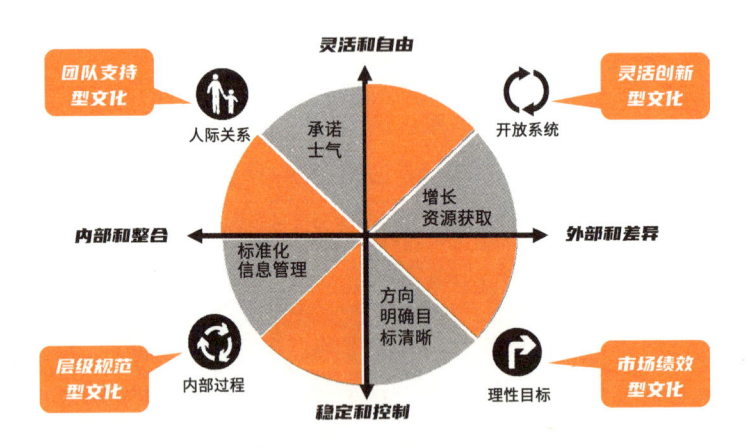

图 4.13 奎因竞争性文化价值模型中四个类型的企业文化

（2）文化的妙用。

文化（观念）即行为，文化（观念）和行动是一体两面，是分不开的，就像有南就有北一样，或者一个硬币的正反两面一样。一个人有什么样的行动，就说明这个人秉承什么样的文化观念；或者，一个人秉承什么样的文化观念，就会有什么样的行动。

生硬提炼出来的文化，不是一个企业真正的文化，那是企业期望的文化，**一个企业的真正文化，是企业用行动所表现出来的思想观念**。企业文化建设就是促进"我们怎么做的"，去无限接近"我们期望的文化"。

文化建设过程中最大的问题是"两张皮"，也就是经营管理是经营管理，文化建设是文化建设，那些所谓的文化理论和成功实践，企业也都做了一遍，但是似乎也没有形成想要的文化。

关键在于没有理解"**文化观念即行动**"这个牛鼻子，很多时候，总是把"文化作为另外一个独立的存在"。

图 4.14 "文化需落地"是个关键，是文化建设的牛鼻子

企业文化不是一种脱离现实世界的、只是高大上的，而是现实的，是为公司战略服务的，是为企业赢得竞争服务的。一旦企业文化脱离了为战略服务、为赢得竞争服务、为解决现实服务的问题，那么，这个文化一定是假的，也是不长久的。

图 4.15　企业文化建设的步骤

确立"文化观念即行动"观念：企业文化就是你的经营、管理和工作行为，就是你经营管理和工作中所反映出来的思想观念。

基于此，企业文化建设过程和企业文化是指：在长期的经营管理过程中，我们不断奖励那些符合期望文化（观念）的经营、管理、工作行为，纠正不符合期望文化（观念）的经营、管理、工作行为，久而久之，在组织中就形成一种持久的、广泛的自觉行动。

（3）文化一定要用。

企业文化如何才能帮助战略落地？就一个字"用"！ 如果不用，文化就是贴在墙上的口号，只是停留在期望中。一定要"用"，全面地"用"，持续地"用"，企业文化才能发挥作用，久而久之，才能真正建设成为大家期望的那样强有力的文化。

当年，日本航空公司（下文简称"日航"）陷入经营困境，稻盛和夫先生临危受命，他进入日航干的第一件事情，大概是用了两个月的时间，组织日航的干部轮流进入盛和塾，学习稻盛和夫先生的经营哲学。然后，稻盛和夫先生就深入实际，在各种工作场合"用"他的经营哲学。

针对日航集团一遇到问题大家就开始扯皮推诿，稻盛和夫先生就表示："你们遇到问题扯来扯去，这是不对的，对照我们经营哲学里有一条叫作临事有勇。""临事有勇"这条文化理念，很好地针对了实际经营中的这个问题，因为有了理念的引领，干部们很快就端正了态度，不再推诿。

但是，不扯皮推诿后，却出现了另一种情况，干部们对讨论的问题一问三不知，对公司的经营情况也一问三不知。这时候，稻盛和夫先生就引导大家思考怎么才能做到"收入最大化，费用最小化"呢？此时，参会的干部们终于认识到了自己存在的问题，这样就促进了日航干部深入业务一线，去研究业务，去研究问题，去研究怎么解决问题，日航从此改变！

针对问题，许多企业一般仅处理事情本身，而稻盛和夫先生的方式却是在处理做事的原则。

- 处理事情本身，尽管这件事情处理了，但是在其他场合，扯皮推诿还会出现。
- 处理做事的原则，就说明扯皮推诿是不对的。任何场合，任何问题，只要是扯皮推诿就是不对的。因此就相当于处理了今后工作中这一类的问题，企业文化的作用在这里得到了彰显。

通过企业文化的建设，企业的领导层把战略和愿景想通透，接下来就是一个字"用"！企业"用"文化，对照文化中"做事的原则"来处理日常事务；对照文化中的战略和愿景，一步一步地达成公司的战略目标。

（4）内容的本质。

企业文化理念内容的本质是一个企业持续成功的核心逻辑与系统原则。

- 只有你去用的时候，你才会持续成功。
- 只有能支持你持续成功的，你才会去用，你去"用"，它才管用。

如果文化理念不在你持续成功的核心逻辑上，你一般是"用不上"的，因此，你自然而然就不会去用了，不用，那么这个理念就是空的，就始终只是像贴在墙上。

怎样判断一个企业文化理念表达对不对？

标准是提炼文化理念是不是基于企业持续成功逻辑的基础上进行的系统原则的表达。

- 比如，把"热情服务"作为一个企业文化理念，显然，这是正面正能量的，但放在技术创新的高科技公司，虽说热情服务是对的，是正面的，但是不在公司持续成功的核心逻辑上，没有太多机会"用"，用进废退，自然而然，这个文化理念就变成了空洞的口号。
- 如果把"热情服务"放在一个服务型企业（如餐饮企业），那么这个理念就有可能在企业持续成功的核心逻辑上，企业常需要"用"，"用"才管用，"用了"才是企业真的文化！

"用"好企业文化的保障有三个"到位"。

- 机制支持到位是指企业一定要把文化落到管理体系（主要是人力资源系统）中：目标分解与评价、价值分配、流程等。企业文化可"用"在人力资源管理的选人、育人、用人、留人等各个环节，运用得好，这对于完善企业的人力资源系统，进一步增强企业的竞争优势意义重大。
- 领导的行为到位，具体表现在三个方面：

①表率到位。"你自己要做到，你自己做不到的话，那是骗人"，首先是领导要做表率，只要领导按企业文化来做事，企业文化基本就一大半落地了。

②处理到位。企业出现冲突、矛盾的棘手事件时，这就是建设企业文化的一个机会，通过一个矛盾、冲突，让员工参与讨论，从而深化认识，或改变认识，这就形成了一个企业文化建设过程。

③扬善惩恶到位。一个好领导有一个要素是敢于管理。敢于管理主要体现在两个方面：一是奖优罚劣，这叫绩效管理；二是扬善惩恶，这叫文化管理。

- 主题建设到位，是指一个企业在某一个时期，它可能会有一个焦点的矛盾，有了焦点矛盾的时候，可以发起一场文化主题变革活动，改变员工的认识，然后促进解决这个矛盾，促进业务的发展。比如，海尔当年现场管理不好，经营管理不好，就发起了一场主题变革"6S大脚印"，让大家每天下班的时候站在大脚印上讲哪些事情没做到，下一步怎么改进。然后**不断地坚持，在潜移默化中，员工的认识、行为、习惯改变、优化了。**

当企业面临一个带有一定普遍性的关键问题时，就可以设计一个贯穿一段时间的目标，比如半年，甚至更长时间的主题变革活动，去改变员工的认识，凝聚共识，激发斗志或如海尔的"6S大脚印"，塑造习惯，服务战略目标实现。

（5）日常落地的"九规范"。

日常落地的"九规范"如图4.16所示。

图 4.16 "不把企业文化做成烂尾楼"，日常落地九规范示意图

- 充分传播：把文化理念变成耳熟能详，也就是文化理念被管理者精通、被员工熟悉、被客户及相关利益方知晓。
- 充分表率：把文化示范做成以身作则，始终牢记领导是文化的缔造者，也是文化落地的第一推动力和持续推动力。
- 充分执行：理念是制度背后的精神，制度是理念最重要的表达形式，通过管理制度审计、筛选、调整，理顺文化理念落地的制度关系。

2. 责任落实：完成从战略到战术的拆解，责任落实到团队和个人，列出关键路径和关键人物

在完成战略任务的拆解与落实的过程中，我们需要先了解，最终执行细分任务的是企业内部的执行小组、个人。所以，在考虑将战略任务落实到最终的执行第一线时，我们不

能仅仅只考虑战略维度的问题,而是要从战略、组织、人才三个角度来思考、落实。

如果说,企业"一把手"办公室的墙上挂三张决定企业生死、发展的图的话,那么战略、组织、人才这"三张图"将必须挂在墙上,更要挂在心上,企业家必须时时刻刻关注。

图 4.17　企业"一把手"时刻关注的"三张图"

战略的制订与执行,需要我们看着这三张图,反复思考怎样把战略目标拆解开、分下去,具体包括以下步骤:

(1)建立完善的责任制度,根据自身的特点和发展需要,制订出一套完整的责任制度,明确各个岗位的职责和权利,确保责任的明确和落实。

（2）加强对责任的考核和评估，通过建立科学的考核和评估机制，对各个岗位的责任进行量化和评估，及时发现和解决责任落实中存在的问题。

（3）加强对责任的宣传和教育，作为强化责任落实的重要环节，企业应该通过各种渠道，向员工宣传企业的责任理念和责任要求，增强员工的责任意识和责任感，促进责任的落实。

（4）建立健全的激励机制，是强化责任落实的重要保障，企业应该根据员工的责任履行情况，制订出相应的激励政策，激励员工积极履行责任，提高责任落实的效率和质量。

（5）加强对责任的监督和管理，通过建立健全的监督和管理机制，才能做到对责任落实情况进行监督和管理，及时发现和解决责任落实中存在的问题，确保责任的落实。

3．组织迭代：创建适应新环境的组织架构

完成企业的战略规划，不能只依靠以"一把手"为代表的领导团队和公司业务骨干，而是企业全员参与的整体性行动。将企业内部各种资源、人才等业务要素融合，形成协同机制，并确保在运行的过程中，不断地根据实际反馈、调整、优化、迭代，从而适应外部商业环境的新变化。

图 4.18　"集体力量大"

可以说，不断优化、迭代、完善的组织架构，是连接企业战略与内部人员、各类资源的纽带与发动机，因此战略发展方向是组织结构梳理和优化的核心依据。

从工业时代开始，企业的价值链就随着外部环境的变化，不断地倒逼公司的组织结构，从以经营产品为目的进化到以经营用户为目的，从以经营销售为手段进化到以经营数据为手段，从经营企业的高度进化到经营产业生态的维度。

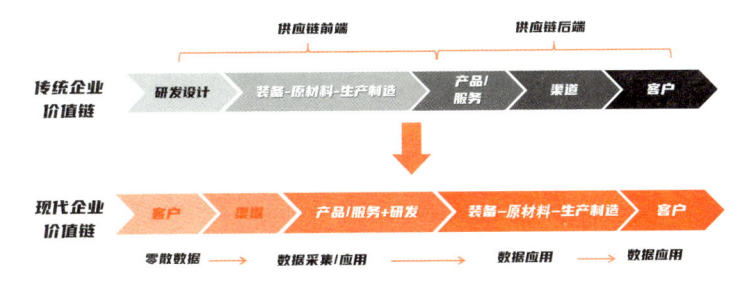

第四章 | 进阶：两把钥匙帮助企业实现"有效进化"

图 4.19 产业链进化的背后是组织架构的迭代

在现代商业环境下，企业要避免以下两种情况：

- 企业的组织架构不够扁平，使得决策管理层距离客户的信息、渠道的信息太远。
- 公司的数据信息系统不畅、管理反应速度不够敏捷，效率低下。在不久的将来，数据将会比产品的价值更客观科学。

组织迭代一定要摒弃"贪大求全""一步到位"的想法，正所谓"不可能一口吃成一个胖子"，对于在落实战略过程中出现的各种条件不完备等问题，我们可以采取"单点切入、小步快跑、不断试错、快速迭代"的策略，先以 1.0 版本的组织架构来执行战略，在过程中，不断地升级、改造成 2.0、3.0、4.0…的版本。

4．激励匹配：建立责任与收获相匹配的激励制度，激发员工的内驱力

要实现企业的"有效进化"缺少了科学的激励制度，再好的战略也只能是挂在天上落不了地。企业的战略目标要转变为员工的追求,通过现代化管理中的必要的激励手段,让员工主动去牢记、去落实。激励做得好则是效益;如果管理不好则是成本。所以,一切激励制度的前提是效率与业绩。

(1)新时代背景下的激励体系。

现代企业应建立科学、合理的全面激励体系,在保证基本薪酬平稳增长的同时,设计符合公司实际的中长期激励机制;全面激励体系的建立将使公司在吸引和保留人才方面获得优势;以制度创新和管理创新来保证公司的持续发展。

以基本薪酬作为短期激励、浮动薪酬作为中期激励、股权激励作为长期激励为代表的全面激励体系,逐步被各大企业所接受、应用。

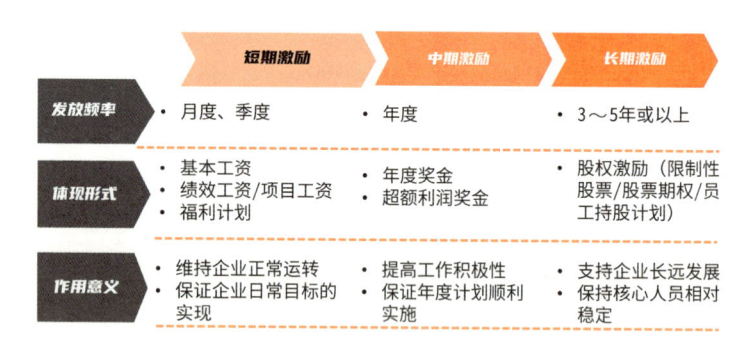

	短期激励	中期激励	长期激励
发放频率	月度、季度	年度	3~5年或以上
体现形式	基本工资 绩效工资/项目工资 福利计划	年度奖金 超额利润奖金	股权激励(限制性股票/股票期权/员工持股计划)
作用意义	维持企业正常运转 保证企业日常目标的实现	提高工作积极性 保证年度计划顺利实施	支持企业长远发展 保持核心人员相对稳定

图 4.20 全面激励体系

但是,不论是涨工资还是高绩效,一方面时间长了,刺激的效果逐步递减;另一方面,激励的有效期最多能维持一年,对于企业希望长期保持高昂内驱力的需求,则效果有限。

股权激励因其能着眼于企业的长远发展，并最大程度地绑定员工与公司的共同利益，因而成为目前企业最重要、最普遍的激励方式。

股权激励的本质是用社会的财富、未来的财富、员工和企业上下游的财富在企业内部建立一套与利益相关者共赢的机制。 股权激励不仅是分钱的艺术，更是赚钱的艺术，是基业长青的智慧！

> **股权激励的本质是：**
> 　　用明天的利润来激励今天的员工；
> 　　用社会的财富来激励自己的员工。
> **股权激励的核心原则是：**
> 　　共创、共享、共担。

- **共创，** 也就是一起做大事业，实现业绩目标，开源节流，是前提和基础——不是老板给大家发钱，钱是靠大家挣出来的。
- **共享，** 也就是共享成就，收入和利润由股东和团队共享；核心团队与股东一起分红、享受公司成长收益。
- **共担，** 也就是共担风险，出资入股，共担公司经营责任、共担公司经营风险。

（2）长期激励工具。

股权类的激励方式主要包含图4.21所述的工具，这些工具都存在适应范围，且各有优劣，在选用相应的激励工具时，需要了解公司性质、上市情况，并需要对公司内部结构，资产规模，公司发展阶段等进行调研，以总体把握工具的使用。

长期激励工具：
- 实股类
  - 股票期权
  - 限制性股票
- 虚拟类
  - 分红权
  - 股份增值权
  - 分红+增值权
  - 奖励基金

图 4.21 长期激励工具

表 4.1 股权激励工具的优、缺点和适用性

	实股		虚拟股
	限制性股票	股票期权	
优点	• 激励对象拥有股权而成为正式股东，能获得身份认可； • 激励力度最强，约束力较大	• 分批授予股权，逐步对激励对象进行甄别； • 减少员工当期出资压力； • 减少股价波动风险	• 不会形成股权稀释； • 操作较为灵活简便

续表

	实股		虚拟股
	限制性股票	股票期权	
缺点	• 对股权形成稀释； • 抗风险能力稍差； • 购股时，激励对象存在较大的资金沉淀	• 激励力度以及对激励对象的约束性居中； • 无法跨越IPO； • 行权前无分红收益	• 约束性小，没有与实股相匹配的身份认可和凝聚作用； • 造成公司现金流出，需要有良好的现金流和业绩支撑
适用性	适用于对企业高度认可、有忠诚度的创始团队或核心人员	适用于有增长快速、有投资人入股、距离上市尚有一定时间的企业	适用于现金流较好、有盈利能力的成长初期企业或无登陆资本市场计划的企业

- **股票期权：**公司授予激励对象在未来一定期限内以预先确定的价格和条件购买本公司一定数量股票的权利。激励对象有权行使这种权利，也有权放弃这种权利，但不得转让、抵押、质押、担保和偿还债务。
- **限制性股票：**公司以低于市场的价格授予激励对象一定数量的本公司股票，激励对象自筹资金购买公司股票。该类股票设定锁定期，在公司业绩达到预先设定的考核指标后，方可按照约定的期限和比例解锁。

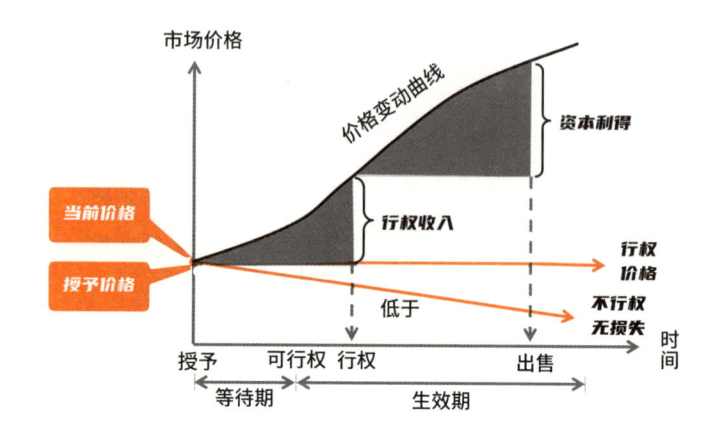

图 4.22　股票期权示例

- 虚拟类激励工具

①分红权，激励对象以自有资金逐步向公司购买虚拟股份，所得股份第二年起即享有分红权。分红权本身不具有法律地位，其为股东与管理层之间的一种契约。该激励工具一方面可以让员工参与企业利润分享；另一方面鼓励员工持续投入获得更多虚拟股权，增加计划约束性及促进企业长期发展。

②股份增值权（SARS），公司给予计划参与人的一种权利，持有人可以不通过实际买卖股份，仅通过模拟股份认股权的方式，在授予持有人 SARS 时，以授予时净资产为虚拟的行权价格，在规定时段内根据其持有的 SARS 份额，所对应的净资产的增加额度，作为由公司支付的行权收入。

③奖励基金，根据奖励基金兑付方式的不同，可将其区分为现金支付型奖励基金和股份回购型奖励基金。现金支付型奖励基金是公司直接将奖励基金以现金形式发放给员工，并由公司指定或由员工自行决定该笔资金的用途；股份回购型奖励基金则是公司用奖励基金回购股票并授予激励对象。

（3）激励时机。

- 创业初期，企业有人才需求却没有很强的现金支付能力；企业适合选择限制性股票或虚拟股票作为激励工具；建议激励范围控制在较小范围内。
- 成长期，拿到 A 轮或 B 轮融资的企业已有第三方公允价值；在已有市场价格以及增长预期的情况下，期权是更好的选择；在现金流充足的情况下也可考虑虚拟股票，但要注意对企业估值的影响。
- 拟上市期，国内 A 股市场，给实股；新三板市场，给实股或期权；国外资本市场，给实股或期权。

（4）股权激励的系统思考。

虽然股权激励能有效激励员工，把员工变成老板，把职业经理人（打工者）变成创业者，把单打独斗变成抱团作战，但是股权一旦给出去就很难收回，操作难度也是可想而知。因此，在企业进行股权激励的时候必须全面系统地思考。

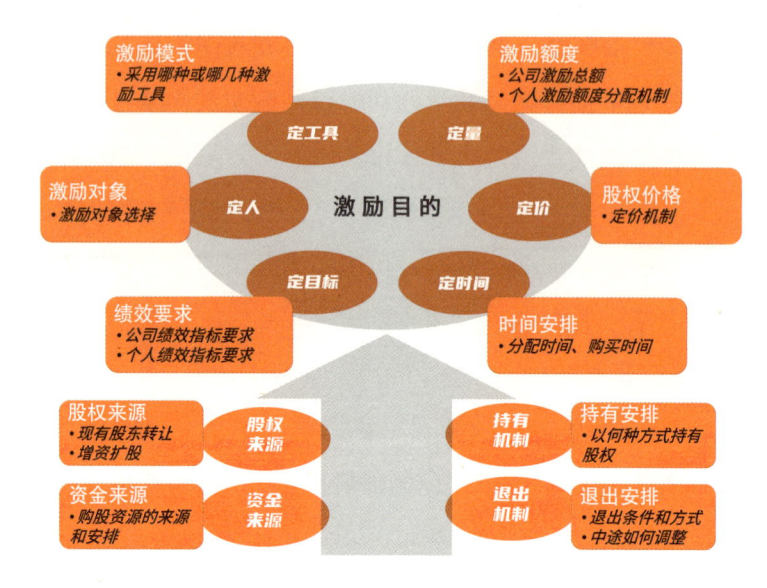

图 4.23　长期激励工具逻辑示例图

在使用工具的选择中，我们也需要考虑采取工具组合或增量分享等方式来降低企业的操作风险。

（5）其他激励手段。

除了物质激励，非物质激励在管理中也可以起到物质激励不可替代的效果。

在这方面，华为的做法值得我们学习。

5. 人才整合：明确并细化企业跨周期的人才规划，并开展相应的招聘与培养

公司的人才建设不仅仅是人力资源部门的工作，也不仅仅是公司日常运营范畴的事务，而是与公司战略处在同一高度的前瞻性、综合性、持续性的整合、建设的工程。

第四章 | 进阶：两把钥匙帮助企业实现"有效进化"

在企业战略的制订阶段，人才是核心要素之一，基于人才的打法是战略最终能否落地的关键考量。再好的创意，如果关键岗位上没有匹配合格的人才，将会大大限制战略的选择范围。

在企业战略的执行阶段，人才更是核心基础，如果关键岗位上没有匹配优秀的人才，又怎能指望战略的初衷能够不折不扣地实现呢？

所以，正如企业的战略需要分阶段那样，企业的人才体系也需要随之构建、整合、优化。

在企业战略执行的近期阶段，**"厘清当前的人才家底"是人才赋能的关键任务点**，当然，很多时候企业自身的人力资源部门难以做到"医者自医"，多数情况下对于共事多年的老同事、老伙伴的真实情况无法做到正确的评估，找不准存在的问题和提升的方向，所以这个阶段很多企业会通过第三方咨询服务机构来完成对自身的人才盘点。

借助第三方协助实施盘点：

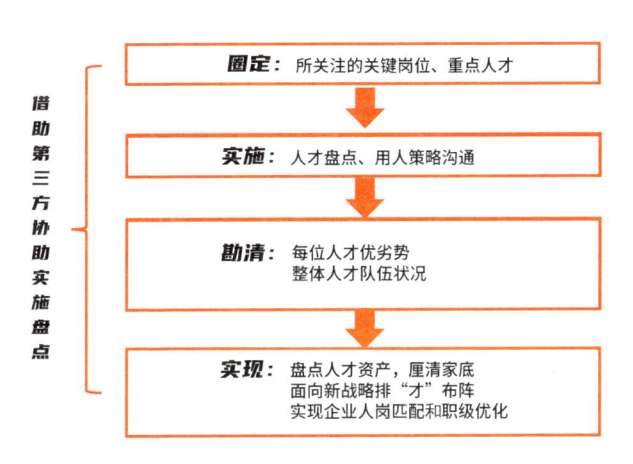

- **圈定**：所关注的关键岗位、重点人才
- **实施**：人才盘点、用人策略沟通
- **勘清**：每位人才优劣势 / 整体人才队伍状况
- **实现**：盘点人才资产，厘清家底 / 面向新战略排"才"布阵 / 实现企业人岗匹配和职级优化

图 4.24 借助第三方完成对自身的人才盘点示意图

在企业战略执行的中期阶段，人力资源的工作重点将不再是自己部门内部的运营，而是结合企业的外部环境、战略需求、人力资源与经营管理的现状，围绕着"怎样与企业战略落实相匹配"的思路，进行更高维度的思考与提升。

在这个阶段，人力资源部门的工作重心是"强化自身部门职能，提升人才管理的战略地位"，普通的人力资源经理已经难以胜任现阶段的管理工作，**必须有一个具有职业道德和战略能力的人力资源负责人作为抓手**，在以业绩考核为导向的战略牵引下，带领组织在一个高效的、有人文气息（企业文化）的运营机制下，实现公司的战略发展目标，同时实现员工的个人价值。

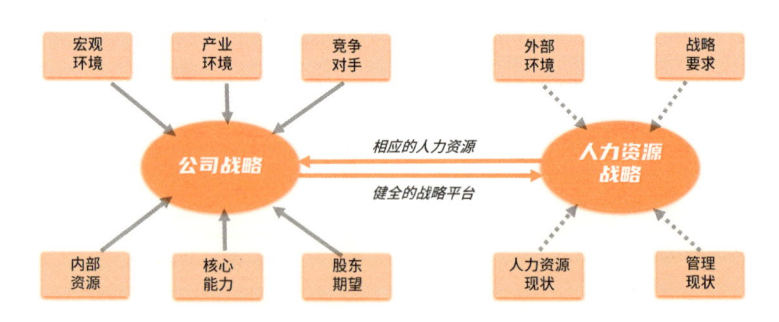

图 4.25 强化 HR 职能，提升人才管理的战略地位示意图

在企业战略执行的长期阶段，为了更好地建设永续成功的公司，需要从五个维度发力，建设长期连贯性的人才培育体系。

- 树立"大"人才观，也就是天下之才，为我所用，以多层次视角看待人才队伍，不拘泥于现有队伍、自有人才。
- 关注人才标准建设，也就是基于公司的核心价值观和战略方向，梳理制订人才标准，回答关键问题。
- 持续人才梯队建设，也就是摸清人员的能力与业绩状况，长年反复淘洗，力图完成人才的最优配置，并构建人才梯队，支撑乃至焕发公司事业。
- 聚焦人才机制建设，也就是围绕"选、用、育、留"各维度，建设公司人才管理与开发机制，营造丰沃的人才土壤。
- 重视企业内训，也就是以实现公司战略目标为宗旨，重塑并宣贯企业文化，提升管理层及骨干员工的职业价值，激发各级人才能量。

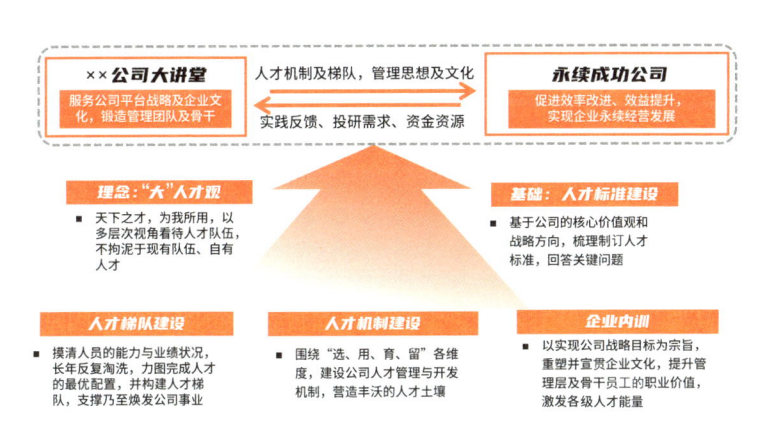

图 4.26 人才赋能的长期策略示意图

基于上述维度，对于成规模体系的企业、集团来说，可以进一步地提升公司内部的培训体系、制度达到"××（公司名）学院/讲堂"的高度，服务企业自身的战略和企业文化，锻造管理团队及骨干员工，通过向公司持续地输送人才支持，并且根据公司在业务实践中反馈的优化意见、投研需求、资金资源，不断优化自身，最终促进效率与效益提升，实现企业的永续经营发展。

6. 品牌升级：构建全新的品牌体系，以适应未来的战略目标市场

（1）中国人均GDP突破1万美元，我国品牌升级的内在逻辑。

海外品牌自改革开放进入中国后，曾经历过高速发展的黄金时期，但近几年中国本土品牌在产品、渠道、营销方式上更灵敏地把握住了市场变化，本土品牌在很多行业纷纷崛起，已经呈现出逐步超过海外品牌的趋势。

历史上日本头部企业集中在20世纪70年代成立并高速发展，在80年代，人均GDP超过1万美元后地位逐渐稳固，并加快了全球化步伐。在这个过程中，日本的动漫、游戏、时尚也走出了特色并在全球崭露头角，是文化+产品相辅相成地崛起。中国近几年也到了本土品牌加速发展的阶段，中国当前国潮风格流行，也是民族品牌崛起的信号。

（2）中国品牌的弯道超车之塑造核心特点。

①更高的性价比，也就是效果相近，成本更低。

②全球领先的技术，也就是智慧化的应用开发能力。

③更快的新品发布速度与更加丰富的销售渠道，产品的迭代频次更高。

④成熟的本土格调品牌，符合本土消费者口味的小资品牌等。

（3）中国品牌的弯道超车只满足特定需求。

①发现新出现的消费者需求。

②国潮时尚，将中国传统文化元素与产品相结合。

③怀旧品牌焕发活力。

④智能互联，创建更加便捷的应用体系。

与企业的战略决策相似，企业的品牌升级也是为了应对环境的变化，是企业的一种主动进化行为。但是，在逻辑上，品牌升级是基于企业的战略进化，因此，在了解了品牌升级的逻辑核心后，在接下来的章节中，我们将继续深入关于战略的思考，怎样做到精通。

第五章
精通：夯实战略底座，巩固有效进化根本

一、两大"结实底座":战略领导力+战略复盘

1. 战略领导力

说起领导力,估计很多人又要脑袋大了,这就和刚开始的时候看到"战略"这个词一样,感到既熟悉又陌生。现实场景下,很多企业没有一个"领导人"认为自己没有领导力,但是,事实真是如此吗?

图 5.1 不太合格的领导人常说:"我就是领导。"

其实,很多人能成为领导者,只证明一件事:这个人有

领导职位，但这并不代表就拥有领导力。

当然，在更大的讨论范围内，说法就更加"丰富"了。
- 有人说让别人服从就是领导力……
- 有人觉得领导力体现在受人尊重……
- 有人认为领导力是管理众人……

领导力源于思想、性格和远见，不是说一个人坐在领导的位置上就具备了领导别人的能力，哪怕此人学了很多的管理方法。

2. 战略复盘

接着说复盘，很多企业的复盘，往往都是安排在年底，忙完了业务、催完了应收账款，然后围坐一圈，看似复盘，最后可能演变成批判会、甩锅会。

图 5.2 不时见一群人相互扔锅

如何做好战略复盘？如何通过复盘找到战略失败的根本原因，进而生成明年的策略？这是和战略领导力同样重要的！

要做好战略复盘，我们要先了解复盘中常见的问题，也就是错误复盘的"七大恨"，即常见的七大问题。

- 流于形式，走走过场；
- 自欺欺人，不敢深挖；
- 纠结观点，忽略事实；
- 强调客观，推卸责任；
- 一味甩锅，互相批判；
- 简单结论，回避冲突；
- 宽于律己，严于律人。

面对上述问题，在做战略复盘前，必须在企业内部建立良好的战略复盘的氛围。因此，需要坚持做到以下4点。

- 坚持向内归因，即不向外找原因，而是努力去找企业自身、部门自身、个人自身能改变、提升或调整的方向。

图 5.3　合格的领导放大镜对着自己，常常自省

第五章 ｜ 精通：夯实战略底座，巩固有效进化根本

- 坚持找出根本性原因。通常，解决问题的答案在更高维度上：如果你想解决二维文明的问题，得用三维文明的科技水平；如果你想解决三维文明的问题，可能就必须用上四维或者是五维文明的科技水平。
- 坚持系统性地解决问题。问题产生的根本性原因一般是系统思考、推导后的产物，由此得出根本解答，从而形成杠杆式解决方案，标志是投入较少的资源或努力，产生较大的效用。
- 坚持个体层面的独立思考、集体层面的意识觉察。通过保持个体的独立思考、集体复盘的形式，企业内的每个人可以觉察到自己认知事物的方式和方法，进而发现自己在氛围、文化、价值观、认知系统上的问题，并且找出企业战略在执行过程中遇到的根本性问题，最终，找到解决问题的方法。

持续在这4个方面坚持，不断复盘与觉察，企业、组织和个人便能形成良好的复盘氛围。而这个氛围反过来也会滋养企业、组织中的每个个体。

- 一方面，战略复盘会推动团队共同看见自己的优势与短板，进而对目标与行动计划达成共识，从而做出自己下一阶段的战略规划与执行承诺。
- 另一方面，战略复盘让每个人的视角更加全面，从而能够看到更深层次的问题，基于此，才可以做到让更好的业务协同和战略落地。

最终，战略领导力与战略复盘相结合，为我们有效进化夯实了底座。

二、贯彻始终的领导力的"3事"与"10法"

1. "领导力"只是"抓管理"，那就错了

也许，有人看到这里，会一拍脑袋"恍然大悟"：明白了，就是狠抓公司日常管理、建 OKR、盯 KPI、抓考勤！

这可就差得十万八千里了！

从逻辑本质上看，"领导"真正表达的是"引领众人去他们从未去过的地方"。这个地方领导者自己也从没去过。如果去过的话，领导干的就是导游的活，但领导的工作更像探险。"领导"没有这样的含义，它更多是指向对未知世界的探索。

图 5.4 好的领导者是领航员，是头雁

"管理"则是"对有限资源的有效利用"。

Lead（领导）一词来自印欧语系词根"leith"，意思是"跨越界限"，就是说领导意味着改变现状，去全新的地方。

Manage（管理）的词源是拉丁语"manus"，意思是"手"，指的是用手处理事务，使之井井有条。而管理是基于现状，让复杂的事物处于一种有序的状态。

通过对两者在实际应用中的比较，我们可以更加清楚地看到两者细节上的区别，见表5.1。

表5.1 管理行为和领导行为细节上的区别

管理行为	领导行为
制订计划预算	设定方向
组织调控人员	团结成员
控制和解决问题	激励和鼓励
集中于系统和结构	集中于人
询问如何和何时	询问什么和为什么
复制和模仿	起源与创造
维持	发展
短视的	务实的
正确地做事	做正确的事

（1）领导力是一门"事后"的学问。

没有谁是学了领导力理论后就会当领导的，反倒是当了领导之后，才发现领导力是需要学的。就像你看了再多的育儿书一样，不自己当一回父母，许多事就还是没体会，所谓"养儿方知父母恩，懂时已是中年人"。

（2）领导力是一门"人间"的学问。

很大程度上，领导力等于影响力。这种影响力总是发生在人与人之间，故称"人间"，如果一个人无法对其他人产生影响力，那么他便无法胜任领导工作。

许多不成熟的领导常常执迷于事，但往往事后才发现，真正重要的问题全都与人有关：大家愿不愿意听你的？愿不愿意跟着你干？愿不愿意成为你那样的人？这些全是领导力的问题。

对于一个团队，任务没有变，人员没有变，甚至工作流程也没有变，仅仅是换了一个领导，整个团队的状态就焕然一新，那便是领导力在发挥作用！

（3）领导力是一门"自觉"的学问。

领导力提升可以与任何事都无关，但必须与"自我觉察"有关。否则，即便你知道再多的领导力道理，自己也不会做出改变。

就算其他人有再多抱怨、批评、建议，实际上也统统没用，如果自己意识不到自己的问题，再多的意见是听不进去的。

"自觉"一词语出《孔子家语·致思》，"吾有三失，晚而自觉"，说的是我有三大过失，到了晚年才有所察觉。

图 5.5 圣人尚且需要自省，何况普通人乎

在领导力这门学问中，真正重要的不是知识、技能、品格，而是如何成为领导力高手。重要的领导力提升必经历一场自我证悟，它是一个实证实修、反求诸己的过程。其他人的作用至多是辅助，关键仍取决于自己。

2. 领导力最关键的 3 件事

不管是一个大企业领导，还是团队负责人，要想发挥出领导力都离不开以下 3 件事。这 3 件事也无法再精简了，少一件则不完整，多一件也没必要。

如果一位领导者的领导力出了问题，通常就是其中一件或几件事出了问题。领导力最关键的 3 件事如图 5.6 所示。

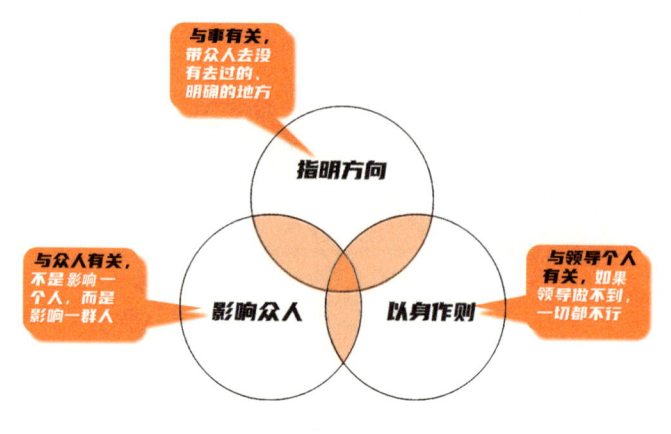

图 5.6 领导力最关键的 3 件事

（1）指明方向。

看似天经地义，是"一把手"不可推卸的责任，但并不是每一位领导能做到、能做好指明方向，这需要回答清楚以下 5 个问题。

① 5 年后我们还会从事当前业务吗？为什么？有备选吗？10 年后呢？

② 5 到 10 年后公司在行业中的地位如何？这是梦想还是战略构想？如有战略构想，那有战略实施途径吗？

③ 我们为什么有今天这几块业务？业务板块之间有协调吗？这几块业务符合战略的发展思路吗？

④ 公司的业务受到类似移动互联网、新零售、工业 4.0 等新技术、新趋势冲击了吗？我们需要转型吗？我们需要变革吗？或者，持续改进才是我们应采取的发展思路吧？

⑤ 如果以上问题分别访谈公司内最重要的 10～20 名管理人员，大家回答会基本一致吗？如果一致，可认为本公司

是有"方向"的。

最后一条十分关键，即使前四个问题均满分，最后一条通不过，"指明方向"也是不够。

把方向性问题想清楚，可能是领导者的责任；但把方向指明，却是一种领导行为。

- 有的领导认为方向就是老板一个人的事，大家跟着干便好了。
- 但倘若问到"如果让下属对方向性问题做到心中有数，执行力会不会更高呢？"恐怕很少有人会给出否定的答案。

有意思的是，在实践中，倘若不经历测试，很少有人一开始就承认自己在"指明方向"上做得不够好。

领导力常常是这样一类问题：没有谁认为自己做得已足够好，但也没有谁愿意承认自己不行。

领导者认为自己没问题，但其实是有问题，常常是因为下述三种情况所导致的。

- 情况1：最常见的，领导者认为下属已经对方向性问题足够清楚了，但事实上，这很可能高估了下属的理解力和自己的沟通力。

下属理解的公司方向与领导对不上，下属之间也对不上。那么，等执行起来的时候，怎么会不出问题呢？这等于说是蒙着眼打仗，大家各有各的方向，力量拧不到一块去，跨部门协作会出问题。

图 5.7　沟通不能鸡对鸭讲

- 情况 2：领导者认为战略问题无须达成共识，主要是老板一个人的事，其他人做好执行就够了。

事实上往往就是这类公司最容易出战略性问题。在这类公司中，老板通常都是说一不二的。战略会上没意见，各自开小会的时候，不同意见多。这类老板通常骨子里是很傲慢的，有很多企业，最终都死于傲慢。

- 情况 3：方向未被指明，不是话没说清楚而是没有想明白。表面看似是一个沟通问题，实际上是一个战略问题，即战略需要进一步清晰化。

这类领导往往颇具雄心，很有情怀，做企业也富有使命感，但容易犯的一个毛病是思路过于宏观，导致"战略使命化"，缺少的是"战略路径化"。因此，公司里一说大的方向，全都对，所有人都认可。但问题是，眼下不知道该怎么干。

（2）影响众人。

在领导力三要素中，影响众人居于承上启下的位置。影响众人所反映的是领导者对人情世故的把握，关乎领导的人际影响力。领导者需要思考如下4个问题。

①公司内最重要的10～20名管理人员，他们真正认同公司的发展方向吗？

②他们嘴上说的和心里想的一致吗？他们能做到"心往一处想，劲往一处使"吗？或者他们真正同心同德、齐心协力吗？

③一年中，作为企业领导人、"一把手"，你为公司最重要的10～20名管理人员单独深谈过一次、二次或更多次吗？你真的了解他们的内心动态吗？反过来问他们了解你的理想、兴奋点和疑虑吗？

④公司内最重要的10～20名管理人员身上有鲜明的"本公司烙印"或"一把手烙印"吗？ 或者说，公司内最重要的10～20人身上能集中体现本公司的文化特色吗？若是，这些"烙印"和"特色"各是什么？

人际影响力问题，不是有无之争而是程度之别，你永远无法得满分，永远都有提升空间。

如果不能对上述认知假设作调整，很难提升你的人际影响力。

（3）以身作则。

以身作则是一条再怎么强调都不过分的领导力准则，以至于任何忽视了这一准则的领导力理论都可视为"胡扯"。与员工的长期相处中,员工真正在意的不是领导者说了什么,而是做了什么。如果想要求别人做到,那么,请领导者自己首先做到。领导者需要思考如下问题。

① "一把手"是不是把本公司的使命、愿景、价值观放在心上,并总是把公司眼下各项具体事务与公司发展的大方向挂起钩来考虑和决策?领导在公司是否真正"知行合一",即认知与行为是否一致?

② "一把手"如何让大家感受到他的方向感、企业家精神和工作激情?

③ "一把手"的精力如何分配?具体来说,时间如何安排?各项事务的轻重缓急如何区分和处理?

图 5.8 好的领导者常挥舞手臂大喊"跟我来"

"伟大是管理自己，而不是领导别人"，这句话说得很实在。

如果领导者开会总迟到，那就别指望其他人能准时；如果领导者总喜欢把目标往大处喊，好大喜功，那就别指望整个公司能形成一种"指标严肃性"的文化；反过来，如果领导者总是严于律己、全情投入，其他人就是想偷懒都有些不好意思。

对"一把手"来说，自己是一切事情的起因、一切问题的源头、一切责任的最终承担者，身为领导者必须以身作则。对于领导者的"以身作则"来说有"灵魂三问"：一问，人们愿不愿意追随你；二问，愿不愿意跟你一起工作；三问，愿不愿意变得和你一样。

图 5.9　领导者的"灵魂三问"

领导力不是魅力，也不是处好关系，更不是完成表演，它是始终如一的行为，因此，领导要以身作则才会值得下属信赖。

3. 提升领导力的妙用10法

（1）重大的领导力提升必经历一次彻悟，否则是学不会的。

关于领导力提升的第一个秘诀是：领导力是凭空学不会的，你要经历一番事之后，自己想明白才行。

- 很多成功企业家在谈到成就与过往的时候，几乎无一例外地都会谈到他们生命中的一次"历史性的转折点"，这些转折点彻底改变了他们的行为及自我认知，而后脱胎换骨，人生从此不同。
- "让人成熟的不是岁月，而是经历"，而经历人生，便意味着遭遇了一次"主观世界的破碎与重建"：一次刻骨铭心的经历、一次难忘的对话、一次重大的挫败，就有可能成为一场辗转反侧后的顿悟，就像王阳明的"龙场悟道"一样。

（2）重视领导力提升的关键窗口期（如上任第一年）。

领导力的培养，就像教育子女一样，同样也是有窗口期的。如果窗口期不到，你硬塞给他是没有用的，他是没那种体会的；如果窗口期到了，便会事半功倍。

- 第一次从业务骨干转型做团队领导，第一次做某业务的总经理，都是这样的关键转折点和窗口期。
- 一个人有没有领导潜质，往往在他第一次带团队时就

第五章 | 精通：夯实战略底座，巩固有效进化根本

能看出些迹象，比如，观察他如何招聘职工（识人能力及个人魅力），如何辞退职工（决断力与分寸感），怎样开会（指明方向与影响众人），怎样自我反思（学习力与责任感）等。

具体划分的话，高层领导要有决断力和人际连接力、中层领导要有理解力、基层领导要有执行力。

决断力
1. 战略思维：善于抓住主要矛盾和矛盾的主要方面
2. 战略风险承担：敢于决策和承担责任

执行力
3. 目标结果导向：在资源的时间约束下出色的完成工作任务
4. 激励与发展团队：帮助他人成长，对人才充满热情
5. 组织能力建设：组织运作，能力建设与持续改进

理解力
6. 系统性思维：全面的业务视野，识别业务变化规律
7. 妥协与灰度：避免"非黑即白"处理问题，寻求"迂回中前进"
8. 跨文化融合：认知和尊重文化差异，让不同文化背景的人成为同路人

人际连接力
9. 建立客户与伙伴关系：响应、牵引、满足客户与伙伴的需求，建立基于信任的双赢关系
10. 协作影响力：协调他人，超越局部利益，服务于更高的共同目标

图 5.10　领导力的划分

（3）轮岗可能是培养领军人才的有效路径。

企业创始人一般是"通才"＋"专才"：能里能外、能高能低的。企业创始人肯定有自己的局限、短板，需要与其他人优势互补，但企业创始人已经在相当程度上多专多能了，因为这个企业是他一手干出来的。

- 如何培养未来的领军人才？建议是轮岗。
- 常说人要学会换位思考，但问题是，人不换位是很难完成换位思考的，能力是经历造就的。否则听了再多

的道理，依然是没有感觉，缺乏"手感"。
- 培养未来领军人才和接班人，建议的公式是：2＋2＋2＋1，指的是经历过两类业务、两类职能、两种场景（例如从0到1，或扭亏为盈），以及至少一次失败。

这个培养领军人才不是一个绝对精确的公式，强调轮岗的重要性和经历去成就人，但对"至少一次失败"的强调是重要的，失败往往比成功能教会人更多的知识，尤其对职业经理人来说，失败是令人痛苦的，但事后来看，千金难买一次失败。

轮值的好处是，每个轮值者，在一段时间里，担负了公司首席执行官的职责，不仅要处理日常事务，而且要为高层会议准备起草文件，大大地锻炼了轮值者。

这样轮值者就将他管辖的部门，带入了全局利益的平衡，使公司得以均衡成长。此举可以避免公司成败系于一人，也可避免"一朝天子一朝臣"的局面出现。

（4）常识感＋节奏感＝企业家最重要的品质。

一个企业家、领导者的思维品质好不好，首先就取决于常识感好不好；其次，就是战略方向明确之后的节奏和力度。
- 常识感不好的领导，对要从事的领域中的人与事，没有正确的理解力和判断力，那就不是长短板的问题了，而是缺桶底。
- 常识感好的领导，在工作中常常能看到问题的本质，并且形成概念的能力也很强，三言两语就能把问题说清楚

- 判断何时该做，或何时开始、何时终止，节奏感最重要！一个领导者如果决策目的不清，只能算是犯了低级错误，节奏感不对才是高级错误。审时度势的能力与节奏感的高低，往往最能体现一个人的能力。

没有正确的理解力和判断力，那就不是长短板的问题了，而是缺桶底。

（5）需警惕再警惕——领导的幻觉。

"一把手"长期身居高位，总是独自面对判断与抉择，又要为所有人赋予决心与勇气，需要先对自己注满能量，然后再影响众人前行……但在此过程中，稍有不慎，就难免从自信转为自负。

- 如有些企业领导总喜欢以自我为中心，热衷于抛头露面，喜欢演讲甚至自恋，此刻，敢说真话的人越来越少，见风使舵的人越来越多，实际上整个组织已经开始"癌"变了。领导者身边有一个紧密围绕的小圈子，不断地献媚，也在不断强化领导者的幻觉……

- 在通往成熟组织的路上，需要"拒绝太监""拒绝癌症"，领导者要学会"仰视"自己的下属，重视内部的"不和谐之音"，就像矛盾是事物发展的动力一样，适度范围内的"建设性冲突"则是企业应有的正常体征。

（6）用人所长，而不是改造人。

领导者都知道用人所长的重要性，但影响领导者与成员关系的问题在于，领导者总是想改造下属，尤其是不自觉地将自己作为一个成功的模板,而这常常招致下属更多的反感。

- 人人都只能成为他自己,也只应成为他自己。
- 人是生而不同的,人分不同类型,能力可以拓展,但类型无法改造。

人格上相互信任,能力上相互欣赏,价值观上志同道合……这样的团队千年等一回少之又少。

图 5.11　理想的团队很丰满

现实中更多的是"唐僧团队"。团队中只有唐僧对目标最执着,就像企业中的创始人;孙悟空自以为是,但能力很强;

猪八戒虽然懒一点，但乐观幽默；沙僧很少谈理想，但高度务实。这更像一个正常团队该有的样子，求同存异才能取到"真经"！

图 5.12　现实的团队有点骨感

（7）狠抓各阶段的主要矛盾。

企业是一步步成长的，不同阶段要解决不同阶段的问题。

- 做企业总是"大的道理"管住"小的道理"，行业＞经营＞管理，取势至关重要，即在踩准趋势的前提下，以产品创新突围。

- 自己所在企业的竞争优势处在哪个阶段、哪个段位上？关键是抓主要矛盾，或矛盾的主要方面。在每个成长阶段，要同时处理的事总是很多，但最重要的事只有一件。

第五阶段　战略延展
第四阶段　组织能力
第三阶段　战略定位（权衡取舍）
第二阶段　行业竞争结构（品类卡位）
第一阶段　外部环境顺风车

图 5.13　企业成长的阶段论

（8）别丢了自己的看家本领。

互联网行业的企业家，很多是产品经理出身，而且即使企业做大了，其中的许多人依然能保有本色，在产品领域一竿子插到底。这对传统行业的企业家可能是一种提醒，企业最根本的是产品。

- 许多企业做大了之后却逐渐把这种看家本领搞丢了。
- 企业家也很容易自我陶醉，难以体会到顾客的真实感知，产品慢慢落伍。

许多企业穿越不了周期，无法维系曾经高速增长的局面，往往是因为企业家的看家本领，方向感出了问题。而这背后常常隐含的一个假设是，企业家依然在用供不应求时代的打法来回应丰饶经济时代的问题。

不同年代	战略选择	战略成功要素
供不应求的年代 供过于求的年代 丰饶过剩的年代	First One 战略 Number One 战略 Only One 战略	人无我有，赢在先机 人有我优，与众不同 赢在无弱点，首战即决战

图 5.14　不同的时代，不同的活法

（9）形成本质、系统、动态性思维能力。

很大程度上，企业的成长取决于企业家自身的成长，而企业家的成长，取决于思想上的进步与思维能力的提升。

领导看问题总是看得很透、有高度、有预见性和判断力。看问题的过程，最重要的是要不断地反思、归纳、总结、提升。就像那些历史上的名将，他们未必打过那么多的仗，但是善于从每一场仗中获得经验及体会，关键是把问题想得很透。

思维能力进步的背后是什么？是认知坐标系的建立，这意味着思维开始分层和分类了，开始分得清事的大小、人的远近、分寸的轻重、事件的缓急等，最后是一系列范畴和概念的确立，这实际上是哲学命题。

只有形成本质、系统、动态性思维能力，才能穿透表面直插问题的本质，切中要害。

（10）心法大于技法。

领导力的发挥是技法，但更是心法，因为领导者管理的是人，有时候心法到了，手法弱一点也没关系，怕的是反过来，那后果就不堪设想了。

企业不仅要重视理性面建设，更要重视人性面建设。员工的智慧是无穷的，足以应对管理者设计的任何控制制度。因此，企业内更根本的不是线性的控制关系，而是非结构性的控制关系。

事实上，越是高水平的管理，越需要"管理的善良"。许多人提升领导力从技法上做文章，但更根本的是要调整内心的假设系统，那才是一切问题的源头！

是企业在气质上是个"企业家的企业"，还是领导者能适时转变为"企业的企业家"？这对企业成长而言，是鱼跃龙门的关键一跃！

第六章

变局时代,如何基业长青

一、黑天鹅加速来临，怎样生存，如何发展

进入 21 世纪 20 年代，我们仿佛进入了一个"黑天鹅"时代：疫情彻底改变了过去二十年的口罩产业循环体系；俄乌战争让我们看到原来战争离我们并不遥远；存钱到瑞士的银行里，风险也越来越高……

图 6.1 这年头把钱存瑞士的银行，风险也越来越高

所以，当我们面对这样的变局，从有效进化的角度来看，通过前面几章的思维逻辑，我们就可以分三步走：第一步是从"开放耦合"中筛选出战略创新的方向也就是"种子"；第二步是到"快速孵化"将战略创新从方向转化为原创的项目、创新的机制等；第三步是进入"主动进化"的阶段，形成在全新外在环境与内在要素的新形势下，明确的进化战略和相应的执行方案。

回顾生物的进化史、人类的商业发展历程，或许就是在各种突发的契机中，通过自身的主动应对，在动态的发展中，战略引领的企业为自己赢得了后续发展的"恒纪元"。

二、汇智成城：第三方咨询赋能"有效进化"

厘清了上述的思路后，很多企业、个人在思考自身的进化战略时，就会觉得"豁然开朗""有了思考的方向"，但是，为什么市场上很多的头部企业、新赛道的独角兽企业会在战略规划阶段就花费巨资引入第三方咨询团队，帮助其建立未来整体性的进化战略呢？

其实，这就和医生类似，再专业、再有经验的医生，能够给病人看病，却无法给自己看病。很多时候，企业的问题、个人自身的隐患，往往很容易被自己忽略。

图 6.2 不合格管理者的自负式自我对话

所以，第三方咨询的赋能优势，首先就是其第三方的独立地位。

其次，第三方咨询团队整体的高素质配备，适合进化战略的规划，制订规划的高标准、严要求，与企业日常运营管理的干部、员工的知识结构与职业能力是不同的。

最后，通过第三方咨询团队的优质服务，为公司的管理层、员工赋能，能够全面提升公司的管理水平，相较于公司自行招聘、培养相应水平的战略规划管理团队，时间短、性价比更高。

三、产融互动：资本的力量助推"有效进化"

曾经有人对于企业发展的不同模式，做过非常形象的比喻。单纯依靠企业自身发展，在市场上，产业内一步一个脚印地开疆拓土的模式，这就好比"爬楼梯"。

依靠企业自身发展的同时，引入资本的力量，快速地在市场上，产业内开疆拓土形成绝对优势的发展模式，这就好比"乘电梯"。这种"乘电梯"的发展模式，就是我们常说的进化战略的产融互动模式。

战略创新企业，通过对外界变化的主动感知、内在要素的主动调整，以适应产业发展的新趋势。在自身不断壮大的过程中，一方面需要不断强化"内功"；另一方面，也需要不断地整合产业市场中的新技术、新资源、新团队等，不断强化自身的核心竞争力。

但是，战略创新企业的产业属性，不适合扮演资本整合、投资、并购的角色，因为产业公司的管理机制和思路与资本有着天然的区别。这时候，就需要资本的介入，与产业形成耦合。

一方面，产业企业利用自己的技术眼光、产业眼光、全球网络，扫描发现新技术公司，对项目进行技术上和产业上的判断，把项目推荐给资本，进行风险投资。

另一方面，资本投资后联手产业企业对项目进行孵化培育，如果孵化成功了，企业成长到一定阶段，就溢价卖给产业，变现收回投资，或换成企业的股票，让投资变相"上市"。这个过程是常态性进行的，于是战略创新企业最终就成了产业巨擘、并购大王。

也许有人会说"我就想好好地做好事业，总感觉资本的介入帮不了我"。

其实，产业与资本的互动，本身能为产业的有效进化带来三大促进：

（1）资本的介入，为产业的发展提供资金的"加速度"，这也是最直观的作用；

（2）资本的介入，为产业企业的管理带来了更高的标准（即使不上市，也不妨碍产业企业以上市公司的要求提升内在的管理、组织、人才水平）；

（3）资本的介入，为公司的核心骨干、重要创建者，提供了获得市场化回报的便捷通道。

所以，企业的有效进化，更需要产业与资本的深度融合。

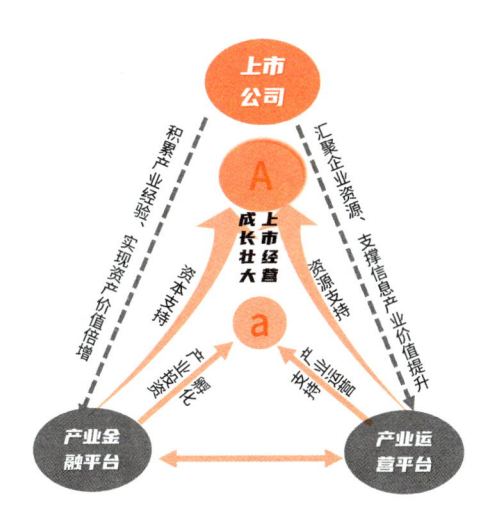

图 6.3 和君的金字塔产融互动战略模型

第七章

AI 时代的战略前瞻

一、AI 时代加速来临

第一次工业革命是在 18 世纪 60 年代到 19 世纪 40 年代发生的，它以蒸汽机和纺织机的发明为标志。这个时期，机器取代了手工劳动，大大提高了生产效率和劳动产量。

第二次工业革命发生在 19 世纪末期到 20 世纪初期，以电力和内燃机的发明为标志。这个时期，机器取代了动物力量，使得生产更加高效和精确。

第三次工业革命从 20 世纪 40 年代开始，是人类文明史上继蒸汽技术革命和电力技术革命之后科技领域里的又一次重大飞跃。第三次工业革命以原子能、电子计算机、空间技术和生物工程的发明和应用为主要标志，涉及信息技术、新能源技术、新材料技术、生物技术、空间技术和海洋技术等诸多领域的一场信息技术革命。

而现在，我们正处于一个全新的时代——AI 时代。

世界互联网领域的著名人物凯文·凯利在自己的全新著作《5000天后的世界》中预言了 5000 天后的人类世界将如何被 AI 打造，以及数百万人一起工作的数字未来……面对变化如此之快的世界，人们会感到焦虑，担心如果不有所作为的话就会落后于时代。

图 7.1　AI 正在打开未来的财富之门

图 7.2　人类和地球的未来似乎是被 AI 推动发展的

目前，人工智能的发展正以远超所有人预期的速度，快速地改变着我们的生活，倒逼着人们重新思考人工智能将如何影响人类今后的经济生活！

或许，我们现在所看到的 AI 对产业带来的冲击，还仅仅是刚开始；或许，我们现在所看到的 AI 对产业的赋能，还仅仅是冰山一角。

但是，这次的 AI 变革，就是本书前文中提到的，对我们的社会经济外部环境带来最大变化的诱因：**人工智能对企业、组织的效率将带来 10 倍以上的提升**，所有成熟的商业模式、战略规划、组织架构、人才储备、产品与服务，在面对这样的"千年未有之变局"时，都将变得过时，只有顺应时代的潮流，基于人工智能的效率体系，主动进化自身的战略规划，才能完成自身产品、服务体系的转型、升级，才能真正地在全新的竞争环境中幸存、发展、壮大。

1. AI 赋能汽车产业：无人驾驶加速落地

汽车的无人驾驶是最早被提出的人工智能应用场景之一，谷歌、苹果、特斯拉、百度等海内外科技巨头从 2016 年开始就积极布局，因受限于多维度数据的获取和标注成本高昂、对小概率事件的决策准确度低等实际问题，无人驾驶仍很难实现大规模商用落地。

但是，随着以 ChatGPT 和 SAM 为代表的 AI 大模型的引入（自动标注、算法迭代），无人驾驶加速落地。

- 感知层面，AI 的自动标注大幅降低系统成本。
- 预测层面，不论是道路预测还是障碍物预测，在 AI 的加持下，可以通过车道线网络模型辅助进行车辆行驶路径的预判，还可以基于大模型预测动静信息，为行驶决策提供支持，从而大幅提升预测的准确度。
- 决策层面，之前的难点在于多方的交互与对路权的博弈，计算的效率是至关重要的因素，随着 AI 带来的几十倍级效率提升，使得交互搜索模型、影子模式、虚拟仿真等新技术很有可能实现，之前的难点也将很快被攻克。

图 7.3　AI 带动未来汽车产业"飞"速发展

2．AI 赋能传媒产业：降本增效、应用更丰

传媒产业，可能是人类最早使用特效的领域，随着 AI 的赋能，越来越多的应用从原先存在于想象之中，开始变得愈发真切、可行。

特别是在 2022 年，ChatGPT/GPT-4 向开发者开放 API（应用程序接口）且价格下探，带动应用层面持续落地，伴随技术的发展与产品的更迭，未来的 AI 将在各领域取得更为深入的发展，AIGC（生成式人工智能）应用仍有较大空间。

- AI 赋能游戏产业，在素材原画、代码编写、开发测试等领域显著降本增效；提升游戏 NPC 对话效果，辅助用户精准预测与留存，助力运营效率提升。
- AI 赋能电商产业，预判顾客选品需求是电商行业的关键一环，AIGC 的应用能优化选品决策，准确识别标签，助力图像生成；AIGC 可用于广告智能投放，精准关联用户，提高购买意愿；AIGC 还可应用于智能客服工作，可提升产业化服务水平。
- AI 赋能影视产业，应用于前期筹备阶段，可助力剧本生成和数据分析；应用于中期拍摄阶段，能够帮助生成虚拟场景与虚拟人等，提升创作效率，降低时间和人力成本；应用于后期制作阶段，在画质增量、人脸替换等领域高效应用时，可大幅提升传统影视产业的效率。

3. AI 赋能工业智造：智能制造或将提前实现

随着 ChatGPT 的出现，AI 大模型的突破变得愈加清晰，可以预见，当 AI 技术和工业领域实现深度融合，工业 AI 应用或将迎来高速发展窗口，智能制造或将提前实现。特别是

AI 大模型结合工业所形成的核心产品、方案与服务，是 AI 赋能工业的主要载体。

- AI 大模型赋能工业研发设计，将增进芯片设计、计算机辅助设计和仿真的优化效率。
- AI 大模型赋能工业生产制造，将强化工业机器人的信息处理、感知执行等能力。
- AI 大模型赋能工业管理与服务，或将成为 ChatGPT 最易实现的工业应用场景。

4．AI 赋能金融：数据应用或将成为海量金矿

金融在人们的印象中，往往是生活中经常和钱打交道的行当，实际上从 2023 年 3 月以来，多家金融机构、金融服务机构发布其 AI 大模型：彭博发布支持金融领域的自然语言处理（NLP）任务的 BloombergGPT，中国农业银行推出了 ChatGPT 的大模型应用 ChatABC，中国工商银行发布了基于昇腾 AI 的金融行业通用模型等。其具体效果如何，我们还要拭目以待。

同时，从 AI 技术的应用场景端，我们也看到垂直行业的高价值量数据对于实现应用场景，有巨大的决定性作用。在金融领域，以海量数据为基础，越来越多的应用端的商业化过程正在加速实现。

- 在银行领域，理解式大模型可以用在信贷风险管理、智能获客和产品识别，通过提升银行的数据洞察理

解能力，来更好地识别客户需求和评估客户信用风险；还能提出具体可行的解决方案，提高客户服务质量。

- 在投资研究领域，AI 大模型可以成为投资研究从业者的"全能助理"，辅助信息了解、提炼和挖掘，实现研究报告自动生成。

- 在投资顾问领域，大模型不仅能帮助全方位分析客户需求和市场趋势，还能提供自动化的投资建议。如国际著名投行摩根士丹利基于自身拥有的数十万页涵盖投资策略、市场研究和分析师见解的内容库，通过 AI 技术提升整体效率，为约 1.6 万名财富管理顾问提供帮助。

- 在财经新闻领域，AI 理解式大模型帮助理解和判断财经新闻文章中的市场"情感走向"，生成式大模型助力更准确的金融问答和资讯写作。

5. AI 赋能科技研发：加速推进科技探索的进程

AI 与科技研发的结合，是通过分析处理多维度、多模态、多场景下的模拟和真实数据，解决复杂推演计算问题，加快基础科学和应用科学的发现、验证、应用，构建新一代的科学应用。

- 赋能新药开发领域，可根据功能需求设计、优化蛋白质，实现了蛋白质空间结构预测的重大突破，加速新药探索速度。

- 赋能量子科技领域，可用于优化量子计算的硬件和软件算法设计、训练生成量子通信协议、提高二维纳米核磁共振谱的探测效率（量子探测），从而提升量子技术应用的效率与准确性。

- 赋能核聚变领域，通过精准调控核聚变控制过程，以深度强化学习作为全新的处理复杂核聚变方式，用于解决"托卡马克磁控制问题"（注：托卡马克装置的作用是可以长时间地约束高温的等离子体，让核聚变的反应可以持续并可控，随着核聚变的反应堆增大，托卡马克装置越来越复杂，对其内部配置的运行设置要求越来越高。而且这个控制过程是非线性、实时变化、多变量的，非常复杂，需要大量的工程、设计和专业知识，同时还要进行复杂的平衡估计来实时计算调控的电流）。

- 赋能材料科学领域，助力解决新材料研发周期长、产业化速度慢、投入成本高等难题，将传统的"设计——开发——制造——应用"环节通常需要的 10～20 年时间，以逆向设计的方式更好地分析已有数据，更快更好地设计出满足性能和生产要求的材料结构和制造工艺，从而加快新材料的研发速度和效率，降低研发成本。

6. AI 赋能企业服务：系统化的智慧赋能

数字化时代，AI 技术的出现或许是企业应对人口深度老龄化、人力资源成本日益昂贵等问题的途径，通过生产力、沟通、协作工具不断演进，持续带动生产效率和沟通协作效率提升。

- AI 叠加生产力工具，强化分析、总结、创作能力。
- AI 叠加沟通工具，可实现自动沟通管理，赋能不同场景的内容生成，如可帮助用户对邮件进行管理、汇总、分类、内容起草等。
- AI 叠加协作工具，可自动总结要点、跟进流程、智能回顾，从而扩大团队协作智能辅助的外延。

图 7.4　AI 给企业系统化的智慧赋能

二、厘清层次，引发战略思考

看了上述关于人工智能在不同领域应用的介绍，可能很多读者朋友会想"难道我们人类很快就将被机器完全取代了？"

这个问题看似恐怖，但是当我们试着将人工智能对于人类社会的应用进行归纳总结时，就会发现，AI 对于人类社会工作的影响不仅仅来源于 AI 自身的科技进步，也来源于社会产业自身的不同特点。

- 首先，要看社会产业的工作方式是以脑力为主还是以体力为主。
- 其次，要对社会产业的工作内容是常规性还是非常规性进行划分。

不同性质的社会产业的工作，其受到生成式 AI 影响的程度也是各不相同的。

根据上述的划分，AI 的商业应用与功能的替代，会分为以下两个层次进行。

1. 近期、中期的影响：在通用知识范畴内的全面替代

如上文所述，人工智能在汽车、工业、传媒、金融等产业内所发挥的作用，从各自产业所包含的知识范畴来看，尚

处于通用知识的范畴，也就是说：

（1）常规性的脑力劳动容易被 AI 替代。这具体包括金融法律服务、软件外包、传媒等白领工作。这些工作需要收集、分析和解释大量基于语言的数据和信息，且含有较多重复性知识的劳动，与大语言模型的文本理解、生成和逻辑推理能力高度重合，受到 AI 的影响可能较大。

（2）常规性的体力劳动容易被自动化技术替代。在零售、制造等行业中，虽然涉及的语言相关工作不多，受 AI 的影响不大，但工作中有较多重复且任务标准化程度高的内容，容易被以 AI 技术为支撑的机器人等自动化技术所替代。

2. 长期的影响：在专业知识范畴内的全面赋能

对于非常规性的脑力活动，也就是专业知识范畴，长期的发展上，AI 更多地是通过帮助人类从繁琐的工作中解放出来，将更多的创造性的精力应用到前沿领域的探索与创新。相对于白领工作，包括科技探索、新药开发等科研工作，以及知识类、文化艺术类的创新探索，都需要更高层次的认知和创造力，并且工作内容多变，难以被算法替代，受到 AI 的影响更小，AI 反倒是很好的赋能者、帮助者，随着 AI 自身技术的不断发展，这种赋能的能力也将长期成长。

当然，除了上述的几种工作类型之外，如建筑、餐饮、旅游、交通运输、采矿等行业作为非常规性的体力劳动，虽然也包含较多的体力劳动，但难以被自动化的长尾场景较多，目前看来，受到 AI 和机器人技术的影响都较小。

厘清了上述的层次，再回到企业战略"进化三阶"模型，可以发现，AI 可以在各个环节中，与人类的战略决策者进行多维度的互补，通过自身强大的算力与几十倍提升的效率，帮助战略决策者以更快的时间、更准确的效率，完成战略机遇的筛选、耦合的匹配、快速地规划与复盘，并且在进化战略的确定过程中，给出更加精细的分析，为战略的准备与执行提供更加完备的保障。

作为真正使用 AI 带来的产业成果的人类、企业的战略决策者，对于 AI 也有着巨大的赋能作用。由于人工智能并不具备完全的自我进化的能力，并且 AI 很重要的基础就是大量的数据，只有作为使用者的人类决策者，不断地完善数据、输入数据，才能帮助 AI 不断地升级、迭代，从而成为人类社会、企业组织的第二大脑。

三、拥抱变化，构建进化战略的外脑体系

在 AI 领域中，我们以 ChatGPT 为例，其本身也存在着不断迭代的过程，一方面这是科技自身发展的结果；另一方面，也是科技研发者根据外部商业环境的变化，根据不断探索出的应用需求，不断迭代从而实现商业化的回报，并以此反馈 AI 的进一步研发。

正如全书所阐述的，不论是社会的现实层面，还是科技的虚拟层面，不同的主体都处在一个快速变化的环境中，而主动地响应变化、以进化战略把握主动权，则是主体不断发展壮大的基础。

对于企业也罢、个人也好，人工智能的出现，换个角度，也是我们生活中出现了一个虚拟的第三方辅助团队和外脑。

与现实中的第三方咨询团队相似，AI也同样具备以下特点。

- 第三方的独立地位。
- 高于传统人工10倍以上的效率，更快、更好地为企业和个人提供专业化的辅助。
- 结合企业与个人的战略思维，更加快速高效地优化战略选项、规划战略执行路径、提升组织架构，并匹配适合进化战略与人工智能时代的人才团队。

未来已来，可以想象，在人工智能不断发展的时代，我们的企业、个人在日常的经营和生活中，都将拥有两大外脑的赋能，也就是第三方智力咨询的赋能与AI科技的技术加持。

科技变化的到来超出我们的预期，拥有进化战略思维的人类有着主宰自己命运的思想与工具，**拥抱外界的变化，不断修炼我们的内心**，愿我们都能成为跨越周期的幸存者、胜利者！

第七章 | AI 时代的战略前瞻

图 7.5　用好 AIGC 战略，赢得未来

第八章

典型案例复盘

一、战略复盘一：紧跟信息前沿科技的 A 公司

案例主题词：面对科技新趋势，怎样通过主动进化做出最该做的战略选择？

科技趋势是指当前和未来最重要、最有影响力的科技发展趋势，这既包括了基础科技的突破方向，也包括了科技商业应用领域的发展方向。

最近几年中，人工智能和机器学习、云边存算、6G、虚拟和增强现实、元宇宙、电子健康、无人机、数字货币和区块链、物联网、人机交互、安全性等，都是广为关注并深受热议的科技应用的趋势和方向。

图 8.1　如果没有高科技赋能的公司，在战略上则是走不远的

但是，对于企业而言，并不能将自身有限的人才、资金、资源无限地投入到每个发展趋势中，而是要通过跨周期进化模型的开放、耦合，找出"可做""能做"和"想做"并分别对应不同的战略驱动力与战略资源，将三者合一的耦合部分作为长远战略发展的基本选择，战略就是通过耦合做出"最该做的"选择。

最为关键的步骤，则是主动进化阶段。 企业在现有的核心资源、核心竞争力的基础上，基于自身对于外界趋势的研究、内部360°全方位的扫描、盘点，梳理出最该做的战略方向后，主动地明确未来的战略是什么、需要准备些什么、怎样落地执行。

完成这些后，企业才能实现自身主动进化的初衷，并获得下一阶段发展的第二主业与全新的核心竞争力。

而本案例的主角，脱胎于一线城市信息光纤业务的国有运营公司，本书中称之为 A 公司。从成立之初，A 公司定位为对外运营服务的唯一平台和新业务的市场化发展平台。在面对完全市场化的新科技趋势，怎样在商业化应用的探索大潮中以最高效的方式抢占先机，实现主动进化，在咨询团队的帮助下，A 公司找到了自己新的战略道路。

（一）新科技＋消费升级：数实融合的大背景下的商业应用变局

A 公司致力于成为城市新一代信息设施服务商，以快速的交付能力和优质的网络运行维护保障能力，为智慧城市建设和各类大型企事业单位提供高品质的光纤技术服务。

"十三五"期间，紧紧抓住智慧城市泛在化、融合化、智敏化发展趋势，给城市信息基础设施建设和各行业专线专网市场带来的巨大机会，A公司光纤业务从稳步拓展向高速发展转变，业务模式从网络建设向网络运营转变。

随着A公司的发展进入新阶段，公司原有的发展路径受到产业上下游企业变动的重大影响，业务能否实现从以光纤业务为主进化到新一代信息设施服务商的综合型业务格局，明确创新的发展路径，战略拉动做大主营业务竞争力，夯实持续创新发展的内在动力，快速形成产业优势，是公司战略规划咨询的核心重点。

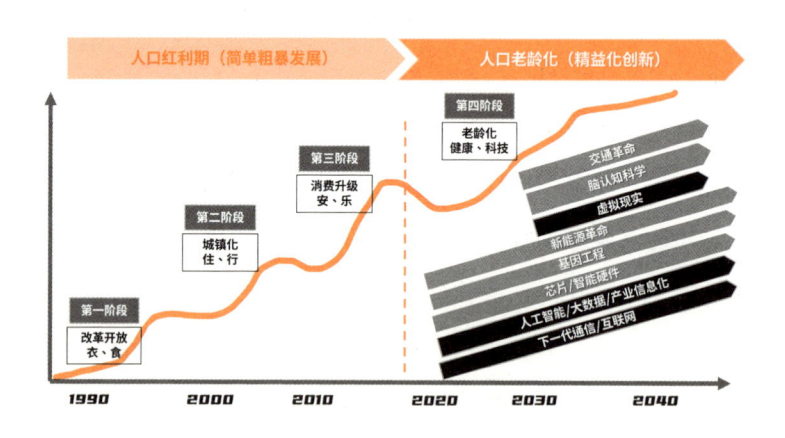

图 8.2 "新科技＋消费升级"，商业化场景应用是创新核心

"新科技＋消费升级"的现代化过程需要数字经济与实体经济的有机结合，实现新科技在商业场景中的创新化应用。

在这个阶段中的创新，将是精益化的创新、小步快跑的创新，是不断地将新科技应用到商业场景，是创新型企业获得自身核心竞争力的高效路径。

以中国电信为代表的运营商在过去的十余年里完成了"光进铜退"，提出了"全光网 2.0"的概念。根据中国电信对"全光网 2.0"的规划，到 2025 年的发展目标是基本成型，到 2030 年达到稳定成熟，形成一张架构稳定、全网覆盖、低碳节能、行业领先的全光网络。

A 公司的产业基础——网络正处在全光网 2.0 时代的起步期，今后将会对服务内容的变革与创新带来巨大的推动。A 公司全面创新自身的"光纤 +"业务体系正是最佳时机，结合公司积累的数据、公司内外的技术，以融合后的创新产品 / 服务赋能全社会（包括政府、企业）的数字化升级。

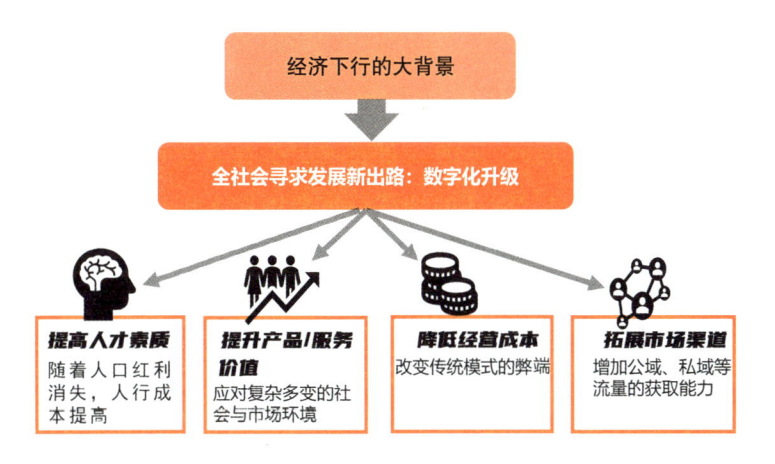

图 8.3　经济下行大背景下的数字化升级是新出路

咨询团队认为，随着中国步入深度老龄化社会，从整体发展阶段的角度参照日本的时代变迁，中国目前尚处在日本的第三消费社会阶段，整体经济发展处在换挡期，上半场已过，下半场将更精彩。正确把握消费社会阶段转换期的商业应用场景的趋势，科技趋势与中国经济发展同频共振，将成为企业跟上时代步伐的关键。

（二）开放耦合：从"可做""能做""想做"的耦合中找出战略选项

1. 产业条件：可做

咨询团队通过对产业条件的扫描，发现与 A 公司的产业发展基因相匹配的趋势包括云边计算、元宇宙、光纤建设与智慧化运营。

（1）云边协同，开启算力繁荣大时代。

回顾过去 80 年全球的 IT 产业发展历史，自通用计算机诞生至今，算力和处理的分布表现出了在集中式架构和分布式架构之间交替循环的特征，每个周期大概是二十年的时间。

技术进步推动上一代计算模式普及驱动数据量和计算需求增加，打破既有的成本与效益平衡，进而进入新一轮的周期。因此，咨询团队认为 2020 年到 2030 年将会是边缘云计算从兴起到繁荣的关键 10 年。

未来的趋势会是边缘云计算将算力拓展至"最后一公里"。边缘云计算出现的背景是为了弥补集中式云计算能力的不足，因而讨论边缘云时往往不能独立于中心云，应当放在云—边—端的整体框架之下，将边缘云视作中心云在靠近用户侧的下沉。

中心云与边缘云根据自身特性承担不同的服务能力，两者协同才能最大化边缘云的价值。但云边协同在应用协同、服务协同和资源协同等方面存在诸多挑战，包括如何保证云端应用与边缘应用统一分发、管理，服务基于统一开发框架进行接入、发现、使用和运维，底层资源在全局视角下实现优化调度等都需要相关技术和标准的支撑。

2021年，中国信息通讯研究院联合行业内多家领军企业共同成立云边协同产业方阵，开展研究、完善标准体系、搭建合作桥梁，2021年年底也已成为云边协同的商业化落地的起点。因此，咨询团队建议公司今后应持续关注相应的产业进展，跟上时代发展的步伐。

应用协同

边缘节点位置分散，人工部署和运维边缘应用不便；云端应用与边缘应用协同，要求统一的分发和管理；边缘网络环境差，需保证边缘应用的连续性和可靠性

服务协同

边缘侧的数据服务、AI服务、智能服务多具有不同的开发框架、语言和使用方式，需建立统一的服务开发框架使服务以统一的标准接入、发现、使用和运维

资源协同

对于多节点部署的边缘业务，需通过全局资源调度和节点间的动态切换，实现低时延、高质量、低成本的边边、边云通信，从而最大化边缘资源的利用效率

图 8.4　云边协同的关键三大挑战

（2）元宇宙：商业化的实现需要千兆光网、巨大的算力与存储支撑。

在元宇宙的产业链体系内，新技术的创新应用将会构建一个数据与现实世界相融合，拥有现实世界一切体验形态的市场，机会在于：虚拟世界将完全映射现实世界，市场空间将扩大一倍，而商业化应用才刚刚开始。

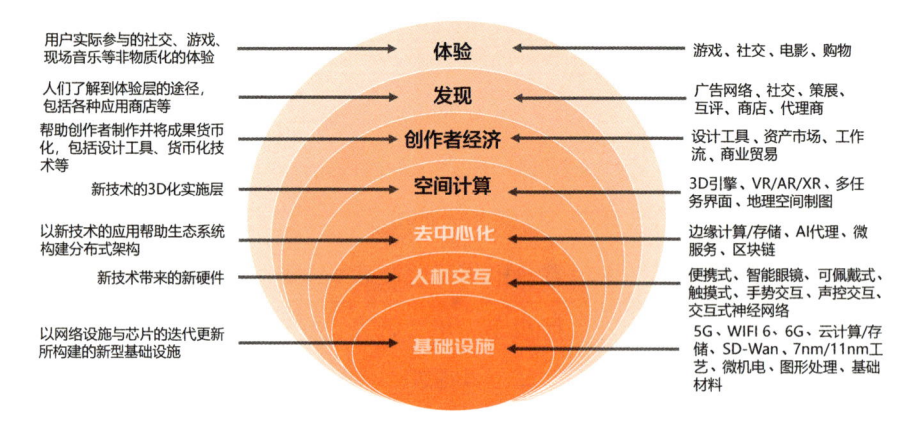

说明	层级	内容
用户实际参与的社交、游戏、现场音乐等非物质化的体验	体验	游戏、社交、电影、购物
人们了解到体验层的途径，包括各种应用商店等	发现	广告网络、社交、策展、互评、商店、代理商
帮助创作者制作并将成果货币化，包括设计工具、货币化技术等	创作者经济	设计工具、资产市场、工作流、商业贸易
新技术的3D化实施层	空间计算	3D引擎、VR/AR/XR、多任务界面、地理空间制图
以新技术的应用帮助生态系统构建分布式架构	去中心化	边缘计算/存储、AI代理、微服务、区块链
新技术带来的新硬件	人机交互	便携式、智能眼镜、可佩戴式、触摸式、手势交互、声控交互、交互式神经网络
以网络设施与芯片的迭代更新所构建的新型基础设施	基础设施	5G、WIFI 6、6G、云计算/存储、SD-Wan、7nm/11nm工艺、微机电、图形处理、基础材料

图 8.5　云边协同带动元宇宙七层产业链

元宇宙的实现，需要千兆光网、巨大的算力与存储支撑。元宇宙的第一入口是 AR/VR 终端，同时需要底层芯片、升级后的光纤（以 FTTH、FTTR 为代表的千兆光纤）、云计算、边缘计算与存储等设施与技术的支撑，可以预见的是，算力需求将成为元宇宙时代更大的刚性需求。

（3）多种应用场景推动千兆光纤建设与智慧化运营业务发展。

A公司之前的业务基础是对于业务市场的网络建设，随着5G、全光网2.0、云计算、物联网、元宇宙等新技术新应用不断拓展，数据流量可预期的巨大增长将有望推动光纤光缆的生产、建设需求进入新一轮景气周期。

2. 资源能力：能做

（1）元宇宙是比移动互联网更全面的替代。

实现元宇宙商业应用场景的基础技术是A公司与其上下游生态企业已经掌握的，后续战略达成的重点之一是实现技术与商业的融合。

（2）以技术成果应用转化的创新来提升公司的数据应用能力。

随着5G通信技术迭代，数据传输速率和可靠性大幅提升，驱动数据产生量与数据流量高速增长，面对海量的数据，怎样更好地盘活数据成为A公司业务创新发展的焦点。

咨询团队认为，A公司作为长三角地区的优秀企业，无须建立全部自有的研发团队，可以依托长三角科研院校、实验室的技术成果，结合公司自身不断充实的研发团队，依托公司的产业基础与培育的商业化转化能力，利用长三角的科研成果及人才高地优势，不断引入人才，从而实现公司未来"三位一体"的技术成果转化体系。

图 8.6　"三位一体"的科研成果转化体系示意图

这一举措既能以更加优化的成本提升公司的研发能力，也能提升科研成果的商业化转化率，更能为国家的发展培养高质量的人才！

转化体系的创新是对现有科研成果转化、人才就业发展、终端需求，以及企业自身发展的共赢式联动，是公司弯道超车的重要途径。

3. 使命初心：想做

（1）业务创新是找到新技术与商业场景应用之间的平衡点。

咨询团队认为，创新既不是全盘否定过去的成就与积累，也不是将新技术无限制地堆砌在现有的商业模式、产品服务与组织架构上，而是持续不断地将新技术分批逐步地融入，通过多次迭代、积累小的进步，实现复利式的升级，从而实现新技术与现有体系、应用场景的有机融合。

通过微软公司的系统软件开发的过程，可以看出每次的新版本都是对上一次的部分更新、迭代，通过各种补丁、定期升级，不断改善用户体验。根据美国公司总结出的经验教训，每次提升即便是15%，但是经过5代的发展，其技术实现1乘以1.15的5次方，也就是2.01的全面更新！积小胜为大胜、在奔跑中调整！

（2）构建一站式数据智能平台，提升数据价值效能。

咨询团队认为，未来公司的商业化产业发展趋势应该是：覆盖各场景，链接多数据，服务全周期，依托平台将数据的应用更加智能化，更加高效、极致。

图8.7　一站式数据智能平台提升数据价值

（三）全力进化：主动进化思路下的战略选择

正如周期进化模型的第三阶段主动进化，战略规划分为"确定""准备""执行"。

1. 进化战略确定

咨询团队认为，A公司确定未来的进化战略，就是瞄准"可做""能做""想做"的交集。

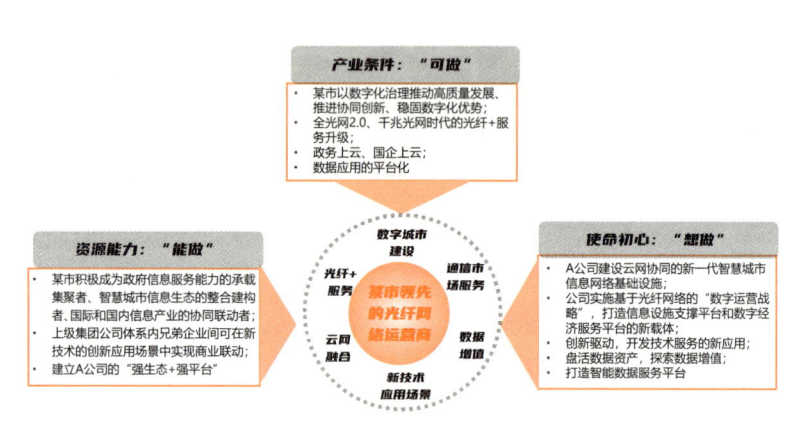

产业条件："可做"
- 某市以数字化治理推动高质量发展、推进协同创新、稳固数字化优势；
- 全光网2.0、千兆光网时代的光纤+服务升级；
- 政务上云、国企上云；
- 数据应用的平台化

资源能力："能做"
- 某市积极成为政府信息能力的承载集聚者、智慧城市信息生态的整合建构者、国际和国内信息产业的协同联动者；
- 上级集团公司体系内兄弟企业间可在新技术的创新应用场景中实现商业联动；
- 建立A公司的"强生态+强平台"

使命初心："想做"
- A公司建设云网协同的新一代智慧城市信息网络基础设施；
- 公司实施基于光纤网络的"数字运营战略"，打造信息设施支撑平台和数字经济服务平台的新载体；
- 创新驱动，开发技术服务的新应用；
- 盘活数据资产，探索数据增值；
- 打造智能数据服务平台

中心：某市领先的光纤网络运营商（数字城市建设、光纤+服务、通信市场服务、云网融合、数据增值、新技术应用场景）

图8.8　公司耦合的战略选择示意图

2. 进化战略准备

要执行进化战略，A公司需要以客户为中心进行"破防+创新"，实现对客户的"精准营销"。

众所周知，国内企业中，华为高举"以客户为中心"的旗帜。华为发展到今天，靠的是这一根本，客户是华为存在的唯一理由，也是一切企业存在的唯一理由。

在之后形成的华为四大战略内容中，第一条就是：为客户服务是华为存在的唯一理由；客户需求是华为发展的原动力。"客户就是上帝"的口号是西方人发明的，一部西方的商业发展史从头至尾贯穿着"客户第一"的伟大理念。

咨询团队认为，科学的管理学核心思想绕来绕去还是离不开一个根本：如何围绕消费者的需求，为公司定位，为管理者定位，为公司的产品定位。

打造精准把握客户需求、创造性地满足客户需求的产品理念、超越客户预期的产品系统，最后达成"精准营销"。

图 8.9 "精准营销"是每一个营销人的梦想

未来的第二主业，可以通过打造具有核心竞争力的云边存算顶层综合管理平台，以 A 公司自建的综合管理平台服务垂直行业，以平台增值、软件开发、与新技术融合、与数据融合等作为行业发展的第一战略梯队，以信息设施服务为起点作为行业发展的"现金牛"与第二战略梯队（未来之星），并对元宇宙、云边存算商业化场景应用的发展保持持续地关注与探索。

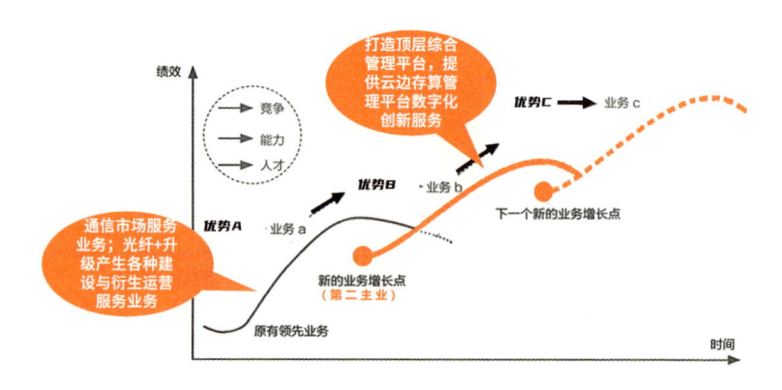

图 8.10　打造具有核心竞争力的公司未来的第二主业战略

3. 进化战略执行

咨询团队建议 A 公司借鉴市场上的标杆企业，将数据应用到极致的成功经验，基于现有的业务格局、未来的商业与技术趋势，融合公司的数据积累，打造依托于上下游生态的数据应用服务平台，以平台服务各垂直业务，实现向创新商业领域与全国重点市场的拓展。

在进化战略执行的过程中，A 公司必须"以终为始"，考虑以信息服务等为代表的相关垂直产业的数字化服务应用场景的实际需求，通过针对性地强化平台的增值、集成、运维能力，更好地服务政府与企业客户的需求（由于公司与 C 端使用客户建立联系的难度过大，未来的战略目标客户应以 G 端与 B 端为主）。

咨询团队认为，在公司未来的战略中，创新信息服务业务的实现与发展是结果，而平台的系列建设是先决条件，必须重点关注并落实相关执行步骤。

(四) 落地组织措施：以事业部的形式提升整体效能

随着互联网企业创新思维的不断深入人心，在公司打破传统的层级管理体系，建立市场化的事业部制成为很多企业转型的有效途径。根据我们咨询团队多年的实践案例，以及在科技创新类企业的实践，特别是对相关企业战略执行过程中的复盘，要重视如何建立扁平、高效的事业部制来提升组织效率，这是战略目标达成的保障。

最后，咨询团队认为，**再好的进化战略、再有产业发展的企业，也必须形成定期的战略健康度审视机制。**

战略健康度审视机制主要是对上阶段战略规划、执行等相关工作的回顾和审视，核心是发现过去哪些做对了，哪些做错了，哪些做得还不够，发现当前的短板和存在问题，最后提炼出标杆做法。

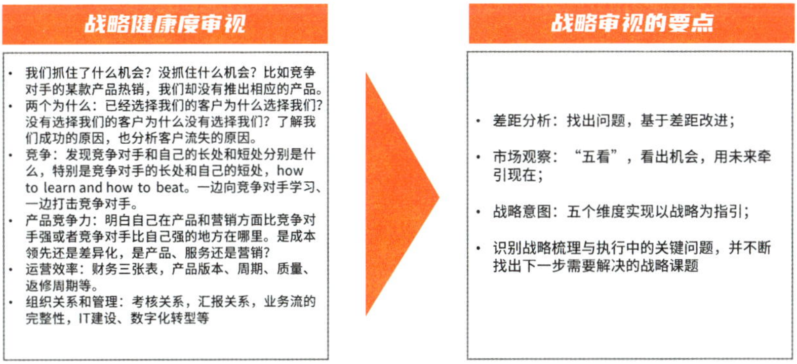

战略健康度审视

- 我们抓住了什么机会？没抓住什么机会？比如竞争对手的某款产品热销，我们却没有推出相应的产品。
- 两个为什么：已经选择我们的客户为什么会选择我们？没有选择我们的客户为什么没有选择我们？了解我们流失的原因，也分析客户流失的原因。
- 竞争：发现竞争对手和自己的长处和短处分别是什么，特别是竞争对手的长处和自己的短处，how to learn and how to beat。一边向竞争对手学习，一边打击竞争对手。
- 产品竞争力：明白自己在产品和营销方面比竞争对手强或者竞争对手比自己强的地方在哪里。是成本领先还是差异化，是产品、服务还是营销？
- 运营效率：财务三张表，产品版本、周期、质量、返修周期等。
- 组织关系和管理：考核关系、汇报关系，业务流的完整性，IT建设、数字化转型等

战略审视的要点

- 差距分析：找出问题，基于差距改进；
- 市场观察："五看"，看出机会，用未来牵引现在；
- 战略意图：五个维度实现以战略为指引；
- 识别战略梳理与执行中的关键问题，并不断找出下一步需要解决的战略课题

图 8.11　让战略健康发展的奥秘就是形成定期的战略健康度审视机制

二、战略复盘二：战略拉动雄起的合资 B 公司

案例主题词：战略复盘与迭代、企业文化的多维度落地展现。

会展是会议、展览、大型活动等集体性活动的简称。其概念的内涵是指在一定地域空间，许多人聚集在一起形成的、定期或不定期、制度或非制度的传递和交流信息的群众性社会活动。

其概念的外延包括各种类型的博览会、展览展销活动、大型会议、体育竞技运动、文化活动、节庆活动等。

国际展览会与博览会是经济全球化的产物，能大大促进国际的交流与交易。从19世纪末开始，国际会展业形成了对经济全球化的强大推动力，展览会与博览会成为发达国家争夺世界市场的场所，为世界经济复苏注入勃勃生机。

第二次世界大战结束不久，一批因战争停办的展览会和博览会重焕生机，通过商品或科技成果的会展，使供需双方充分了解对方的信息和需求，再加上可以通过实物观看，迅速促成供需双方达成商务合同，因此会展市场孕育了无限的商机。

随着中国改革开放的不断深入，中国的会展行业也蓬勃发展，欧洲会展行业百年企业与中国会展行业领先企业的强

强联手后的合资龙头企业,就是本案例的主角 B 公司。

(一)会展行业强强联合:战略复盘 + 主动进化

B 公司合资的海外方秉承"促进贸易与工业发展,增进经济繁荣"的理念,成立于 20 世纪 90 年代早期,并成功举办了首届展览会,历经传承与创新,如今拥有 10 万平方米大型展馆,每年主办 90 多场大型展览和会议活动。

2001 年,与中方企业成立合资公司,共同开发中国展览市场,也为客户提供全球范围内的会展业务支持,如展馆管理咨询、展会活动承办、大型活动管理与组织、业务咨询与调研、整合营销等综合性解决方案。

合资的中方公司,成立于 20 世纪 90 年代早期,是国内最早的展会企业之一,近三十年来也一直是中国会展行业的领跑者之一。凭借 150 多位优秀员工的共同努力,公司每年主办超过 20 场国内外知名展览和会议,展览总面积超过 100 万平方米。

B 公司总部位于中国上海,在泰国、中国的北京、上海、深圳等城市和地区开展业务。B 公司是国际展览业协会(UFI)会员和主要管理者之一。

合资的双方对于创新意识与战略引领有着高度的共识,并且通过第三方咨询公司对于 B 公司的战略进行详尽地规划。特别是当外部环境发生新变化时,B 公司对于之前的战略规划有了新的思考,因此于 2017 年邀请咨询团队在之前的战略规划的基础上，进行新环境下的战略复盘，并进一步制订迭代后的全新的战略规划 2.0 版。

（二）战略复盘：比较战略 1.0 版遇到的新问题

正如周期进化模型的第二阶段快速孵化，战略规划 2.0 版是对 1.0 版本的复盘、外部新机遇的快速规划、梳理出原创的业务方向、形成创新业务机制。

1. 复盘

首先看战略 1.0 版本中的规划方向。

- 公司战略目标定位：成为中国会展行业快速成长的领跑者！行业起飞在即，抢占领跑者的位置是获得未来发展先机的核心要点。
- 主业以展览为主，进入会议和传媒业，走"展览+"的发展道路。一体多翼的"展览+"是未来公司快速转型、成为行业领跑者的基础。
- 以"裂变式发展"的组织生态发育新商业模式，以应对公司未来竞争挑战，即转型、升级的外部环境要求企业具有快速发育、复制的商业模式以获得显著的竞争优势。
- 创建反应敏捷的前台系统、动力强大的中台系统和稳健赋能的后台系统，也就是三大系统互相支持是新时代中国企业区别于传统欧美企业的最大创新优势。

- 进行组织机制创新，搭建员工共创共享平台，形成"A+"平台化的战略发展，即通过建立共同创业、共同分享的机制与平台，最大程度地激发组织与员工的活力及动能。

经过相当一段时间的战略执行期后，咨询团队发现，结合最新的业务发展动态，战略1.0版本的规划方向遇到了新的问题。

- 行业起飞在即，公司对于外部环境的利用具有一定的优势地位，但外部竞争环境形势不容乐观。
- 走"展览+"的发展道路，但是需要在战略2.0版本中结合市场新趋势，进一步明确较为具体的产业结合的方向。
- 公司想形成"裂变式发展"的组织生态发育新商业模式、搭建员工共创共享平台、形成"A+"平台化的战略发展，但是会展行业的特点是会展项目经理在开发、组织、运营上需要投入大量的主观能动性、创新性，传统的加薪、绩效激励已经难以激发项目经理的积极性，"裂变式发展"的组织生态需要形成会展项目经理自创业的机制与生态，形成公司与自创业者双赢的商业模式。

2. 快速规划

通过对会展行业的调查研究，咨询团队发现2014—2017

年上半年，会展行业整体产值从 2014 年的 4184 亿元增长到 2017 年的近 6000 亿元，其整体增长趋势高于我国 GDP 的增速，显示出会展行业朝阳产业的属性。

随着我国经济未来总体形势的稳步发展，会展行业的直接产值预计在 2025 年突破 1.3 万亿元的规模，是 2017 年的两倍以上，拉动的产值达到 12 万亿元以上，产业链市场前景广阔。

但是，从 2014 年开始，会展行业出现了整合、集中的趋势，在展览面积大幅提升的同时，会展数量却呈现增速下降、收缩的趋势，表明行业内部的整合与并购已经开始。

如果 B 公司没有及时沿着产业发展的节奏与方向，在未来的 5～7 年未进入行业第一阵营，就有可能面临被行业边缘化的危险。并且，具有特色的中国式的"会+模式"即将兴起。

- 中国会议市场的国际化趋势。自 21 世纪以来，全球会议业开始进入全新的发展阶段，欧美地区作为最早发展会议业的地区，是全球最大的会议市场，其会议运作规范、会议产品发展较为成熟，市场占有率一直处于领先地位。我国广泛的会员基础和消费市场将吸引国际协会和跨国公司选择中国作为会议的举办地，更多国家的组织与企业会成为我国国内会议的与会者。
- 中国会议市场的专业化趋势。在会议主题、议题的制订方面，随着人们对会议的质量要求越来越高，不仅要求组织方了解会议运作，更要求组织方了解会议所处行业的专业知识。随着中国各类学术性国际会议和行业领域的专家会议数量不断增多，专业化程度明显提高，基本形成以医疗、IT、科学领域的会议为主的格局。

- 中国会议市场的市场化趋势。目前中国的会议 90% 以上以市场化方式来运作。政府积极转变职能，各类会议的市场化程度有了明显提高，主题更加鲜明，更贴近市场的需求或是参会者的需要。上海在会议组织方面已经逐步形成了一套完整的策划、宣传、运作化的市场机制，形成了一批市场化、竞争力较强的品牌会议。

因此，沿着上述趋势与会展产业链，咨询公司对 B 公司未来的创新业务方向进行了梳理。

3. 业务发展思路：在项目管理层面，成立决策管理委员会并建立项目立项与退出、审核与评估模型

咨询项目组通过业务辐射力、人口红利、资源投入的门槛度、市场竞争强度、新立项项目进入 TOP5 的可能及 B 公司资源整合能力为主要因素来研究、评估公司业务项目，建立综合决定立项或退出的评估"火鸡或雄鹰模型"。并且，考虑到会展行业内已有相关细分市场龙头企业进入资本市场，我们在原创项目的规划上，对于相关公司的情况做了梳理。

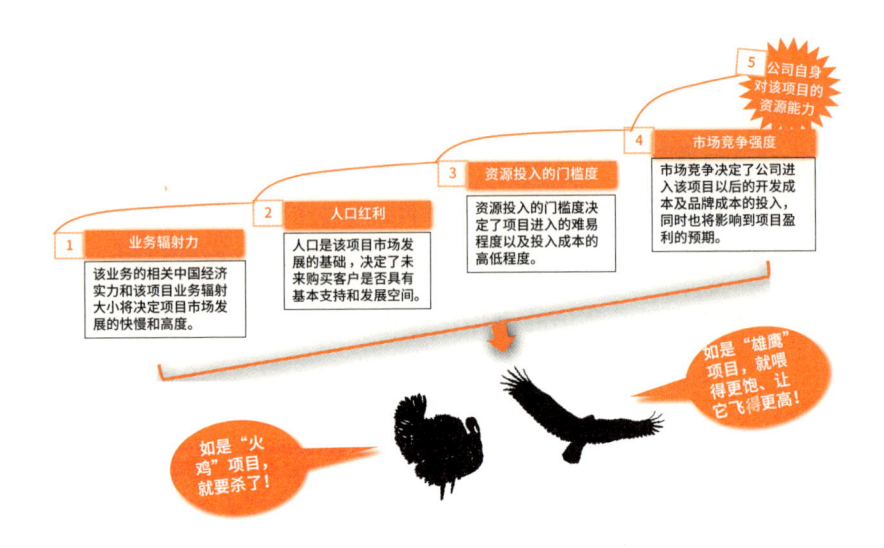

图 8.12 建立综合决定立项或退出的评估"火鸡或雄鹰模型"

图中要素说明：

1. **业务辐射力**：该业务的相关中国经济实力和该项目业务辐射大小将决定项目市场发展的快慢和高度。

2. **人口红利**：人口是该项目市场发展的基础，决定了未来购买客户是否具有基本支持和发展空间。

3. **资源投入的门槛度**：资源投入的门槛度决定了项目进入的难易程度以及投入成本的高低程度。

4. **市场竞争强度**：市场竞争决定了公司进入该项目以后的开发成本及品牌成本的投入，同时也将影响到项目盈利的预期。

5. **公司自身对该项目的资源能力**

如是"火鸡"项目，就要杀了！

如是"雄鹰"项目，就喂得更饱、让它飞得更高！

- RM 展览，一家集展示设计策划、展具和展台构建、展览运营管理为一体的展会服务商，主营业务为展览展示服务，2015 年度、2016 年度营业收入分别为 1.54 亿元、1.90 亿元。

- SB 会展，主要从事代理境外展，向境外展的主办方买断展位，带中国企业出国参展。2015 年度、2016 年度营业收入分别为 6473.39 万元、6904.22 万元。

- DH 会展，一家中高端会展专业视听设备技术及活动策划服务商，2015 年度、2016 年度营业收入分别为 7264.14 万元、7735.93 万元。

- ZW 展览，主营业务为贸易型展览和消费型展览，2016 年营业收入为 1.78 亿元。

最终，在 B 公司战略规划 2.0 版本的方向描述上，公司进一步地明确：

- 稳固和发展全亚洲 No.1 项目。
- 重点发育刚需明星展＋高端专业会议。
- 立足宠物、建筑、农业，重点深耕行业大展。
- 孵化具有高升值潜力的标志性会议＋展览＋项目。

4．创新机制建设

会展行业的特殊性在于，不同展会的项目经理需要全程负责从最初的项目研发，到组织产业资源和参会相关企业，一直到会展筹备与举办，整体的主观能动性远远超出传统意义上的"打工人"的范畴。

因此，会展行业的一大痛点就在于：

- 以怎样的机制激发项目经理不断地创新，包括产业会展的开发、现有会展的迭代升级。
- 以怎样的机制留住优秀的项目经理，避免人才与优质会展的流失，从而避免行业内"独立、散乱、持续性差"的问题。

当咨询团队开始工作后，发现传统意义上的升职加薪、浮动绩效已经较难解决上述问题。因此在激励机制的设定上，需要跳出传统的人力资源范畴，需要站在更高的维度来解决问题，即下一节内容中提到的从思想上、事业格局上对 B 公司的核心人员赋能，通过提升其事业的格局高度，为公司的后续发展，打破传统激励机制的"天花板"。

（三）赋能核心人员：企业家发展的新高度

咨询团队认为，一个持续创新发展的企业，其内在的前进动力是领导者的持续突破力，俗话说得好"火车跑得快全靠车头带"，企业内部"发动机"的多寡和强弱直接决定了其前进动力的大小。

图 8.13　火车跑得快全靠车头带

所以，在咨询团队看来，在公司中企业家是团队，是一群人。企业家顾名思义是企业的领导者，是经济的创新者、风险承担者、组织者和协调者、管理者，是企业核心力量的代表，是经济发展和经济增长的决定性因素。

随着中国加入 WTO，中国企业家角色明显的变化是：

- 企业家与资本投资人的分离——传统企业家既是出资者又是指挥者，统称为企业投资运营人。
- 现代企业出资者是资本投资家，但不一定是企业家，企业家要求有特质，更具有创新力、洞察力和统率力，入世后的中国企业家更是如此。

企业家的功能转换，即传统的企业家是企业管理的代表人，是资本利益的保护者，是企业运行的指挥者、决策者。现代企业本质上是法人企业，企业家是集体智慧的代表者，职责是调动内外部资源进行合理地配置，从而获取尽可能大的经济效益，在公司里企业家不是一个人而是一群人。

而 B 公司现有的多位优秀会展项目经理，离企业家尚有一段距离，还处在"生意人"的阶段，即以盈利为导向，开发、售卖、销售，形成业务链，从而获得更多的利润。

企业家以事业为导向，创造或推动一个需求，引领一个行业，成就一个品牌。

投资家以成就行业品牌为导向，以愿力、品牌和使命作为战略步骤的指南，一步一个脚印沿着战略梦想阶梯攀登。

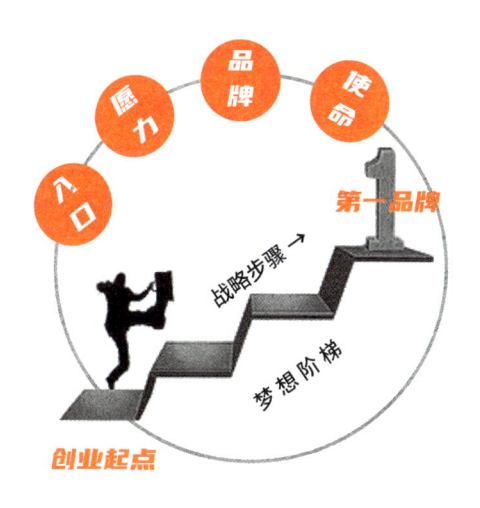

图 8.14 一步一个脚印沿着战略梦想阶梯攀登

企业家、投资家没有高下之分，只是思维结构、价值体系不一样。

- 投资家是看懂人性、看懂商业模式、看懂趋势、看懂行业终局的人，能研究社会宏观的东西，能够在更大的空间中测算概率，以成就为导向，发现并支持、利用好更多的企业家。
- 用资本的思维、大运作的思维来做企业，依然是企业家，而且是很知名的企业家。因为"投资"不是他的本质，整合来的资源再应用到那口"资源井"，并滋养它这才是本质。

对照B公司存在的痛点，核心解决方法就是：

以培养企业家为目标，构建会展项目团队与公司共同创业的业务机制，推动优秀的项目经理更上一层楼，成为与公司共同成就事业的企业家。

B公司创始人/总裁，在现有企业家格局的基础上，在咨询团队产融互动的第三方支持下，依托创新激励机制，以成就更多的企业家团队、更多成功的细分产业会展为目标，提升自己的能力，帮助公司内部更多具有创新力的个人与团队，为公司的发展注入更高维度的动能。

（四）企业文化落地：让战略深入人心

企业文化是与战略规划互为阴阳、互为表里的存在。

战略规划是以理性的步骤勾勒出未来的发展方向和实现

的量化步骤。

企业文化是以较为感性的方式，解决战略规划中未触及的思想维度、情感维度，解决企业在发展中累积的感性问题。

具体到客户B公司，其最大的问题也是会展行业的普遍性问题，也就是行业的特点往往会让从业人员在业务忙碌期间，投入大量时间从而忽略了对家人的关爱与陪伴。

同时，不同产业的会展又让不同的项目团队间缺乏必要的相互了解的时间，无意间产生了一堵堵的部门墙，降低了公司发展的效率。

咨询团队通过多轮的调研与座谈，最终将公司的企业文化的核心浓缩在"快乐"与"孝"的两大理念上。

- 以快乐为本，让员工快乐工作，客户快乐体验。
- 以快乐为本，是企业与员工实现快乐的互动。

其核心价值观是：

- 尊重和关爱工作伙伴，永远把人才德性放在第一位。勤奋、朴实、厚德载物，为公司的价值精神；希望每一位工作伙伴在公司获得职业发展和自我实现，成就快乐而丰盛的人生！
- 重视每一个客户，永远把客户放在心里。从客户利益出发，满足客户需求，把为他们创造最大的价值作为公司经营和发展的最重要目标。
- 注重团队之间、团队成员之间的齐心协力相互配合，由此推动公司整体生产力的不断提高、共同创造强大的企业。

- 注重承担企业的社会责任。我们怀着"老吾老，以及人之老；幼吾幼，以及人之幼"的利他之心，踏实地工作，以企业的发展推动产业与社会的进步，致力于实现企业、社会与自然间的绿色和谐发展。
- 紧跟和整合全球时代新发展，不断寻求突破及创新。始终走在会展行业发展的前列，整合全球资源，引领中国新模式的发展。

对于工作与生活的理念，公司强调"孝行天下"。

《论语》中说："君子务本，本立而道生。孝弟也者，其为仁之本欤！" 意思就是：君子要理清做有德性人根本逻辑，找到根本原因，只有从根本抓起，大道才能确立。而对父母的孝和对兄弟的悌，就是仁道的根和本。

孝道是天人合一中国传统思想的道德支柱。它包含双重意义：一是尊祖，二是敬天。尊祖为孝，敬天为德，所谓"德以对天，孝以对祖"。将孝道作为道德的根本，全民将孝敬作为行为准则，大家都互相恭敬，互相爱护，互相照顾，普天之下，风调雨顺，和谐太平。

现代社会需要和气致祥，有孝道、恭敬、为人处世之道，人的胸怀格局将无限扩大，智慧增长，改变命运。孝心即恭敬心可以开发人所有的智慧。

为了在日常的工作中更好地展现公司的文化，B公司集体填词、作曲家专门谱曲，咨询项目组不负众望，终于完成了"英式摇滚＋韩式流行＋中国文化"类似1988年汉城奥运会主题歌风格的公司歌曲，让全体员工发自内心地喜爱。旋律优美、感染力强、传唱度高的歌曲，也让公司员工自觉地广为传唱。

图 8.15　类似 1988 年汉城奥运会主题歌风格的公司歌曲

经过战略规划升级与企业文化的渲染，B 公司获得发自内在的强大动力，激发了公司的内在产品创新力，即使是疫情期间，会展行业受到巨大影响的背景下，公司上下也自发地探索线上会展、云会展等新形式，将疫情影响降到最低。

良好的工作氛围、出色的内在创新驱动力、持续的战略发展动能不仅为公司带来了强大的业务能力，而且吸引了新加坡淡马锡公司这样的战略投资方,为公司后续的发展,带来了远大的前景、更多的发展机遇!

在变局时代,B公司走出了一条自强不息的发展之路!

三、战略复盘三:战略全新赋能的央企C公司

案例主题词:战略规划、国企焕新、落地执行、文化展现。

C公司于2017年邀请咨询团队对公司的整体战略进行全面的咨询服务,以主动进化的态势,为产业变局做好准备。

(一)国字号央企:浓厚的历史积淀+主动创新的基因

C公司自2007年成立以来,拥有房地产开发一级资质、工程设计甲级资质和物业管理一级资质,是国资委批准的16家以房地产为主业的央企之一,为中国房地产业协会常务理事单位,获中诚信3A级企业最高信用等级评定。

C公司一直以"建造对人和自然充满关爱的建筑艺术品"为品牌主张,遵循"诚信、精品"的价值观。

至2016年年底,C公司已在北京、上海、广州、天津、杭州、合肥、南京等19个城市布局,开发面积已经超过2000万平方米,主打产品已经成为国内房地产的知名品牌并荣获了诸多荣誉和奖项,在产品创新方面有了很大的提高。

随着产业竞争的日趋白热化，人口老龄化的来临，完全市场化的快速发展，让C公司从单一的住宅地产向复合型地产转变并由此衍生出了三个品牌服务主题，即教育家+、健康家+、享受家+，令行业瞩目。

这是C公司基于外部环境变化主动做出的调整，但是，公司管理层深刻地认识到，仅仅做到当前的程度是不足以应对未来的挑战的，唯有通过第三方咨询团队的帮助，才能帮助公司更好地梳理出有效进化的战略体系与执行路径。

（二）主动进化：从详尽的调研开始

正所谓"没有调查研究就没有发言权"，咨询小组开始工作后，立即与C公司的对接小组（C公司"一把手"领衔）成立联合工作组，展开了全公司范围内的大规模调查研究。

针对C公司50%的销售额与利润来自华东公司，咨询团队特别对华东公司的下属分公司、区域市场和产品做了详尽的实地调研，核心岗位的单独面谈，对于长三角地区的重点市场，咨询团队的实地调研直接下沉到县级市。

为了全面地了解公司员工的真实想法、对公司未来发展的个人理解与感受，咨询团队根据公司的实际情况，制定了手机端的线上问卷，以无记名的方式，安排公司全体员工回答问卷。

1. C公司自身的产业基因

根据详尽的调研访谈,以及对公司发展的产业资料、财务数据的详尽研读,咨询团队解读出公司的三大产业发展基因:央企的精工水准和匠人精神基因、诚信精品价值观和创新共赢的核心理念。

2. 外部环境的深刻变化

(1)宏观环境层面。

①政策环境。政策的目的是"控一线、稳二线、盘活三四线",在高基数行政调控的背景下,预计楼市进入调整周期不可避免并加剧趋势,这是供给端的核心。

②经济环境。尽管整体经济下行但是长三角居民收入持续上升,带来华东市场(公司核心市场)房地产业经济长期利好(未来5年,即2017—2021年),但竞争更加激烈。咨询团队认为对企业资金链管制可能越来越严厉,居民杠杆率过高,这一趋势会持续。在"房子是用来住的,不是用来炒的"的政策思路下,房价如果继续上涨可能倒逼政策加码。

③社会环境。下一轮地产周期的新房需求总量将显著小于此轮周期,预计此轮地产周期经历内生性调整的幅度或超过往年,我国购房适龄人口数值高峰已过,这是需求端的核心。

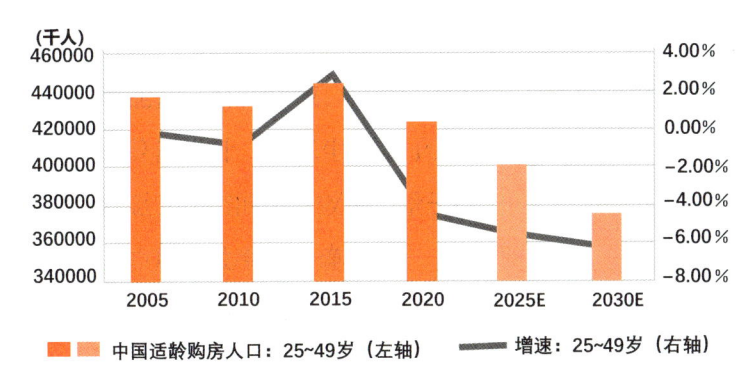

图 8.16　我国购房适龄人口数值高峰已过

④技术环境。对大房企来说技术创新求变是为了拓宽业态，培育新的增长点；而对中小房企来说，通过创新深耕细分领域则是在竞争中的生存法宝。

房地产＋互联网＝一系列的新概念，让一切新技术，融入房地产开发和运营中，提升效率和客户体验。

（2）行业环境层面。

①房地产标杆企业逐步走出战略困局，强者恒强。

强者恒强，优胜劣汰的生存法则继续在演绎，尽管强力政策频繁出台，限购城市观望氛围严重，但是房地产的标杆企业仍旧保持了高速的增长势头，再度印证了调控下"既有风险，更是机会"这一贯性逻辑。隐藏在数据和现象背后的是，高周转已经成为行业共识，毕竟中国房地产发展历程证明，规模和利润是王道。

②行业集中度加速，落后就要挨打、被边缘化！

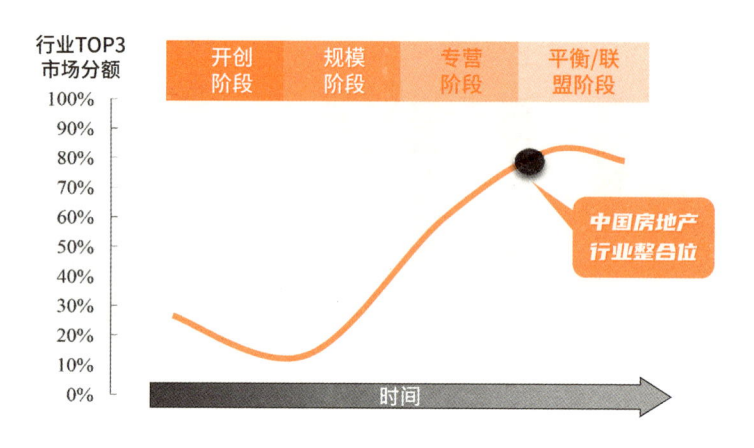

图 8.17　AT 科尔尼：行业整合生命周期研究报告

项目执行期间，中国房地产优秀企业已全面进入迅速成长期，2016 年 TOP20 强房企提升最快，2016 年 TOP200 强房企总销售额集中度已超 50%，在中国房地产市场上占据了"半壁江山"。可以预期未来行业仍存有大量大企业兼并重组小企业不断发展壮大的机会——所谓强者恒强，大型房企凭借品牌和规模优势在市场调整期内龙头地位将愈加显著。

咨询团队认为，公司如没有及时沿着行业竞争战略节奏发展，并在历史关键的今后 5 年，尤其在未来 3 年内如不迎头迅速赶上——就会有可能面临被行业边缘化的危险。

③强势房企撒手锏：区域大盘＋强势项目＝立足强手之林。

当年除了市场面整体较好的大环境因素以外，还有不少房企借助各自的明星项目提升业绩,或以区域性大盘吸引了不少客户。

基于诸多数据,咨询团队判定,区域性大盘和明星盘深耕区域城市,是房企立足于强手之林的撒手锏。

(3)经营环境层面。

①考虑到人口是房地产行业发展的王道,咨询团队对公司的主要市场的人口情况做了详尽的分析。

②同时,价格是房地产行业中的商道,咨询团队对公司的主要市场的价格做了盘点。

③随着城市化的进一步加深,未来将导致城界消失,也就是资源、市场的高效配置,人们的居住、生活、工作不再以城市的行政边界为界线,城际交通公交化,地区土地价格走向均衡,价值再次发现、社会成本降低。

④区域规划辐射力、人口红利、城市土地门槛度、市场竞争强度等是影响一个城市未来房地产发展的主要因素。咨询团队通过构建"复杂巨系统计算模型"研究发现房地产区域最佳开发地区,从而推导出华东地区内,公司发展的城市市场的优先顺序。

3.C公司内部问题扫描

(1)C公司的战略性资源及其运行情况。

目前的竞争策略不成体系,各产业板块中虽说有市场感知能力,但系统的竞争策略机制还没有形成。

（2）已经开始出现系统内资源闲置和管理僵化的现象。

C公司目前的内部资源来看，很多资源还没有得到有效地利用，有些资源过度闲置，企业尚未做大做强，但已有管理僵化、协调不够等"大企业病"。

（3）C公司没有真正解决内外部资源和能力核心力，更缺少稀缺性创新。

稀缺性的竞争能力创新可以看作是企业一种专门的宝贵资产，拥有有价值的、稀缺的资源和能力可以获得短期竞争优势。如果这些资源和能力是不可模仿或者模仿存在着成本劣势的时候，那么拥有这些能力的企业就能够获得可持续的竞争优势。

企业需要深度思考（开启快速孵化的模式）以下问题。

- 历史：C公司在10年发展历程中，其既有的核心资源能力在哪里，公司能否把它诠释清楚？
- 困境：央企严控政策下未来产业、基础资源能力平台的构建、人才的空位、长期与近期目标有效吻合等都是需要公司静心解答的考卷。
- 未来：在未来的发展进程中如何夹缝生长？如何选择成功路径？如何确定产业链条？如何承载历史使命？更是公司需要关注的要务。

(三)产业战略规划:立足核心城市圈、重点深耕城市大盘以及多元产业地产

1. 中国城镇化大转型下的都市群、未来的房子(快速规划)

咨询团队认为,房地产本质上是时代的一面镜子,处于什么样的时代,就会有什么样的房地产与之互相匹配。城镇化作为一种过程,本质是人口、企业、资金在地理空间上的重组,所以,城镇化也可以理解为一种破坏性创新的过程,房地产企业也必须以创新来应变。

2. 地产爆发式增长结束,市场进入大分化时代(快速规划)

咨询团队认为,随着中国加入WTO后,以外贸为动力拉动的社会财富增加引发的地产爆发式增长已经结束,市场进入大分化时代,房企+资本、去化库存、大数据应用成为趋势。

业务结构趋势为产业链服务端寻机会,主业与新产业协同;投资方式趋势为并购、联合拿地控成本参与旧城改造;同时产品更为细分,新模式拯救传统旅游、养老、产业地产等。

3. 构建以中心城市辐射都市圈战略布局(原创项目+进化战略明确)

咨询团队根据我国"十三五"规划提出"加快城市群建设发展"的理念,判断城市群将成为中国未来城镇化的主要形态,公司下属的华东区域公司已形成以杭州为中心的辐射都市圈,未来以上海、杭州为中心辐射"长三角"的战略布局,

在精准的城市布局下将满足未来 3～5 年的高速发展；对于公司其他区域公司，借鉴华东公司的战略思路，也是实现自身战略布局的有效路径。

咨询团队通过建模，对华东公司下属市场做了重点开发排序。咨询团队根据产业战略的规划，对 C 公司未来的产品组合做了相应的细分规划。

基于上述产业战略方向与业务产品组合，咨询团队指出，在未来的业绩目标上，还必须进一步细化到每个区域市场内，城市（区域）公司必须进入到当地的 Top5 序列，才算完成公司的有效进化的战略目标。

（四）战略支撑职能：六大核心职能支撑企业未来发展（创新机制+进化战略执行）

1. 品牌与营销

咨询团队对于中国住宅消费者行为通过三个维度的指标，划分出五类人群。

根据对于住宅地产的"客户生命周期研究"，区分出不同的人群以及相应的支付能力水平。并在此基础上总结出高端住宅、都市产业园、文旅大盘各自独特的定位分步推演地图，便于公司后续提升针对不同地产类型的营销水平。

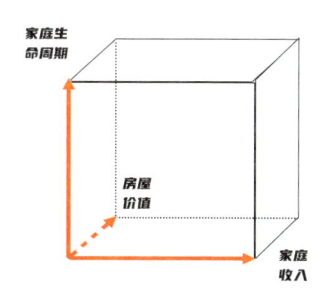

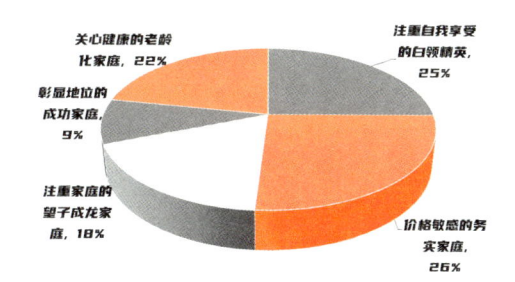

图 8.18　对住宅消费者行为的图示分析

2. 组织与管控

（1）优化组织和人力资源管理需要从以下几点展开。

- 强化人力资源部门职能，提升人力资源管理的战略地位。
- 公司市场化的组织概念的导入从名称开始"市场化"。
- 增强人力资源部的功能，重视人才战略组织、便于内部人力资源高效调配和考核归口。
- 针对目前公司拟实施的权责手册，为提升整体的管控和流程协作效率，咨询团队建议集团"决策"部分要下放；"审核"与"决策"功能合并，"报备"归置"存档"，缩短决策流程；部门之间通过考核互相评分来提高组织运营效率；通过企业文化来激发员工工作热情。

（2）C公司急需构建"吸纳、造就和留住人才"的"土壤"。

- 在以"内部培养为主，外部引进为辅"原则下，需要严格遵循外部引进人才的必要条件为：一是内部提拔、筛选无果；二是确实是公司必需的、迫切的紧缺人才。只有这样，才能不浪费企业原有人才，调动积极性凝聚向心力。

- 同时，公司也应该确立"不求所有，但求所用"的人才"柔性引进"策略，科学、合理地引进切实需求的岗位人才。

图 8.19　千万不能让公司沦为众多的"人才临时客栈"

（3）应成立薪酬绩效领导小组。

- 由人力资源部负责落地操作，负责绩效管控和考核。
- 对区域公司各专业条线的主要负责人的考核，委员会成员组成有执行董事、总经理、书记及同级别互评等。
- 对区域公司各专业条线的主要负责人以下员工的考核，委员会成员组成有主管负责人、业务相关部门负责人、人力资源部负责人等。

- 对事业部/直属项目公司总经理的考核，委员会成员组成有执行董事、总经理、书记及各专业条线的主要负责人、人力资源部负责人等。

3. 风险控制

咨询团队建议，先做加法，再做减法，最终在本战略周期内，实现以财务管控型为主的风险控制模式。

4. 融资优化

咨询团队认为，C公司未来具备包括上市在内的各种资本运作的可行性，但公司目前还存在许多不利因素将影响产融互动的道路，需要公司分类解决。

对于"财务成本高，盈利能力不强，资金周转慢"的解决之道如下。

- 科学分配贷款比例和多元化融资方式，满足企业业务需求。
- 引进专业咨询公司，协助公司改善建筑周期和营销管理来提升效率，解决毛利率大，利润过低的问题。

对于"缺乏战略投资者，需要得到投资者更多认可"的解决之道为：

- 依靠专业顾问公司，引进志同道合的战略投资者，建立投资者认可的市场模式和业绩。

对于"缺乏与投资融资机构的结盟"的解决之道是：

- 挑选和组织合适的投融资机构，开辟稳健便捷、成本低廉的融资渠道。

对于"缺乏与专业的顾问公司长期的、嵌入型的紧密合作"的解决之道是：

- 选定具有战略高度、社会和经济资源丰富、实操性强的专业企业咨询顾问公司，建立长期紧密型的嵌入式的战略合作同盟，携手共进共赢。

对于"资本规模小，管控过死，正向循环不良"的解决之道是：

- 扩大资本规模：并购。
- 减少公司负债：重组。
- 转嫁经营风险：打包出售或置换不良资产。
- 提高财务能力：择机多元化经营。
- 扩展市场范围：快速渗透扩大规模。

对于"企业未股份制改造，管理不规范，国企股本结构单一粗放"的解决之道是：

- 提升企业经营形象：全力打造企业品牌，适当宣传提升形象。
- 树立市场核心理念：围绕客户需求建立以市场为核心的理念。
- 完成正规股份改制：组建董事会和监事会，引入独立董事制度。
- 引进业务管理人才：引进业务专业人才建立规范业务管理并执行。

- 设计合理股权结构：落实合理结构，设计员工参股／激励方案。

5. 资源整合

房地产产业链较长，上至煤炭、有色金属、钢铁、建材、建筑，下至消费端的家电、家具、装饰、服务等，其中还需金融业作为重要的资金来源。房地产作为中间环节，担当着上述众多行业的供给或者需求要素，这是其带动作用强的重要原因所在，这也是C公司资源整合的巨大空间和广阔途径。

6. 企业文化

企业战略是对企业未来价值的塑造，企业文化是对战略进行描述，传播企业未来的价值，最终帮助企业实现战略。**公司战略发展迫切需要一个团结向上、积极开拓和开放包容的现代企业文化来支撑未来的发展战略。**

在20世纪70年代形成的铁道兵精神，既是当时时代的产物，同样也是当代中国主题下的精神支柱。它内涵强烈的时代价值和高贵品位，是不可多得的职业教育、职业文化建设的形象教材。

其核心内涵是"艰苦奋斗，志在四方"，这与当前所倡导的解放思想、开拓创新、与时俱进并无二致。它既是一种概念、一种内涵、一种财富，更是一种力量、一种追求、一种资源，它可以成为鼓舞人、激励人、鞭策人的力量源泉。

目前中国房地产企业基本处于企业文化盲区，这对企业的长远发展不利。房地产企业，很少有对企业自身文化真正重视的企业，大都认为企业文化是高雅的附庸并没有多大实用价值。殊不知，企业发展到一定阶段，能够支撑企业继续发展最重要的因素之一，就是这个企业有没有自己核心的文化。文化就是价值，文化就是品牌，文化就是凝聚力。

尽管 C 公司的上级集团公司有其企业文化，但随着 C 公司的业务领域和规模扩大、员工数量增加、治理结构的调整、市场化程度的加快和行业、区域的扩展，不论从企业外部和企业内部都迫切需要有一个团结向上、积极开拓和开放包容的现代企业文化作支撑，并且需要发扬铁道兵精神，与全体员工一起逐层分解，在日常工作中贯通一致。

对于战略目标，需要咨询团队与 C 公司项目组共同拆解，按照资源、能力、管理目标、关键要务四个维度，拆解到每一年的具体事项上，便于后续企业的执行、落地。

通过践行上述战略执行路径，在 2019 年，公司历史上首次实现新签合同额和销售额突破千亿元，提前一年实现"十三五"规划目标，迈入千亿元房企阵营，提前达成战略目标。

四、战略复盘四：拥抱 AIGC 全新效能的 D 公司

案例主题词：主动拥抱科技的变化、AI 带来的 10 倍以

上的效率提升。

正如前文多次提到的企业时刻面临的核心战略问题之一，就是寻找企业的第二主业。在之前的章节与案例中，我们的案例公司都在面对实际的环境变化后，采取针对性的战略措施，以主动求变的进化谱写企业发展的新篇章。

图 8.20　AI 这个门外的野蛮人，人类能控制吗

但是，随着 AI 应用的骤然而至，在新科技时代背景下"门外的野蛮人"正以一种更加出人意料的方式走到企业的面前。AI 带来的 10 倍以上的效率提升，犹如一把双刃剑，既带来了无限的发展可能，同时又留给企业和个人思考与反应的时间也越来越少，传统时代中漫长的战略回旋空间，就是对环境变化的研究、思考、应变的时间被大幅压缩。

然而，对于具有进化战略思维，或者是具备这样的战略意识的企业与个人，即使面临AI所引发的意料之外的挑战，却也能通过自身主动的战略应对，获得AI带来的科技红利。

传统意义上的寻找企业的第二曲线，能否在智慧互联的新时代里，变出全新的打法与思路，是值得所有企业与个人时刻关注的问题。

本案例的主角D公司，是投身于中国教育事业的科技类创新型企业，其创始股东既是具有科技类创新基因的企业创始人，又是产业资本运作的资深投资人。在公司运营两年多后，AI的浪潮便已涌现，面对全新科技的冲击，怎样理解产业发展的新路径，从而以科技的变化作为突破口，形成公司未来发展的新产业曲线，成为了D公司亟须迅速解决的战略命题，通过与第三方咨询和技术团队的合作，公司的各股东方快速地厘清了思路，统一了未来的战略，从互联网教育公司成功战略转型成为教育领域AIGC技术服务供应商。

（一）现有业务的产业发展趋于平缓，周期性危机隐隐浮现

1．政策压力，教育减负是长期宏观导向

2021年7月，中共中央办公厅、国务院办公厅印发《关于进一步减轻义务教育阶段学生作业负担和校外培训负担的意见》，提出要有效减轻义务教育阶段学生过重作业负担和校外培训负担，从宏观政策层面进一步明确了减负增效是落实国家教育领域重大改革部署、解决教育教学重难点问题、促

进学生全面而有个性发展的需要的国家战略定位。同时,也明确了推动教育高质量发展是未来的重中之重。

2. 经济下行与社会层面:高竞争、老龄化、焦虑感、信息噪音多重因素推动产业持续发展

- 市场与社会对个人复合技能的要求不断提高。社会与市场环境趋于复杂与多元,从而导致了对复合型人才的需求提高,并且随着科技成果创新应用场景的不断丰富,高效掌握跨领域基础知识的场景化应用能力成为企业与个人的必备技能。
- 人均寿命延长、退休延迟等因素多重叠加,促进职业教育终身化。我国人均寿命提高至 80 岁,已进入深度老龄化社会。截至 2021 年末,全国 65 周岁及以上老年人口抚养比攀升至 20.8%,延迟退休相关政策陆续出台,学习已经不再是儿童、青年的专利,学习与工作的终身化已成必然之势。

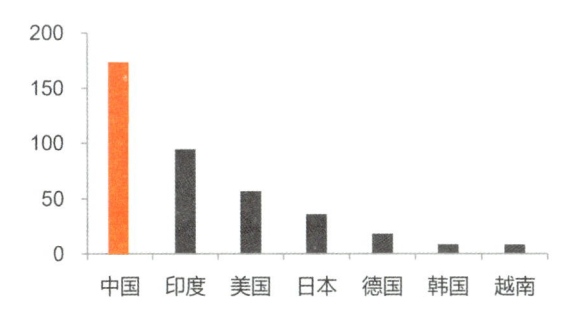

图 8.21　2021 年各国 65 岁及以上老年人口数量(单位:百万人)

- 焦虑感与进取心激发学习动机。在高度社会竞争的环境中，居民受上进心和焦虑感双重刺激，期望通过学习获得阶层标签、社交谈资和优势资源，已成为社会大众普遍共识。
- 信息噪音倒逼高效学习。所谓的信息噪音，是指在各种平台上传播的碎片化的知识信息，但是因为其缺少体系化的基础，使其难以达到受众的预期。大量的信息噪音推送提高了内容过滤门槛，为了解决实际的问题，居民期望通过体系化课程针对性提升职业、生活相关技能的学习效率。

3. 技术层面：AIGC 技术不断突破，教育领域或将成为最快应用场景

正如前文所说，AI 技术引领了全球新一轮科技革命，多项技术如知识图谱、自然语言处理、智能机器人、深度神经网络等发展迅速。AIGC 底层技术的飞速发展为智能教育在视、听、音等多模态下实现教育场景全覆盖提供了充足的可能性，有望成为未来"AI+教育"应用的核心引擎。

基于多模态模型的 ChatGPT-4，更是增加了长文本的语义分析能力和图像理解能力，相较于上一代，ChatGPT-4 能够处理的单词数量提升了整整 8 倍，而且仅根据手绘图片即可生成网页的前端代码，大大提升了模型的可操控性、创造性和应用范围。从教育的视角看，未来个性化辅导、AI 虚拟

教师的教学实践落地，将彻底改变传统教育下"一对多"的知识单向传递过程，有望打造全新的低成本、个性化教育模式。

结合 D 公司所处的教育行业的特点，咨询团队与企业创始人共同认识到 AI 时代的到来，对于行业未来的增长将会是颠覆性的催化剂，公司拥抱变化是必然的选择。但是，为了更好地完成这样的战略升级，在股东层面首先需要完成的是全员对战略趋势的高度共识，特别是对于资本投资型的股东，对于 AI 与产业的正确认知，一方面能够明确未来的发展方向；另一方面，对于公司未来在资本市场的估值，都将是决定性的步骤。因此，各方协作开始了下一阶段的工作。

（二）形成共识：全方位理解 AI 为企业带来的战略性变化

1. 战略盘点：AIGC 工具能生产教育领域哪些专业性内容

通过创始股东与咨询团队共同的排查，发现每个学科加上不同内容创作能力，就可以排列组合出 50 种以上的教学 AIGC 工具。

例如：

- 试卷分析。AIGC 工具可以多个维度分析名校试卷、历年高考试卷。
- 试题分析。AIGC 工具可以实现元素提取、场景提取、实体提取、知识点标注、难度计算、配图释义。

- 试题改编。AIGC 工具可以增减知识点、指定知识点、指定场景、指定难度。优秀的 prompt，在 3 分钟之内可改编完成一道理想的试题，包括解题过程。理论上 AIGC 工具可以一天完成 150 道优秀原创试题的编写，改编能力没有数量限制。既可以在名师基础上改编，也可以在名校套卷上改编。
- 试卷改编。根据原试卷结构，AIGC 工具可以按多个维度重新改编多套试卷，满足试卷难度、考查知识点范围、分布结构，双向细目表要求，学校层次要求等，理论上 10~15 分钟可以改编一套试卷。
- AIGC 工具可以按多个维度要求创建英语语料、语文阅读材料，改编语料。
- AIGC 工具可以绘制试题配图。
- AIGC 工具可以制作学科课件，包括 PPT、视频、动画。
- AIGC 工具可以根据要求创建考察任意考点、各种难度，各种考察形式的试题，需要良好的提词系统配合。
- AIGC 工具可以编写教案，独立编写或者改编。
- AIGC 工具可以分析教学、测评数据。
- AIGC 工具可以根据多次测验数据给出教学质量分析报告，学生画像，老师画像。
- AIGC 工具可以针对教材、教辅、试卷进行答疑，文字交互或语音交互。
- AIGC 工具可以解题，如英语或文科解题比一般老师要好，目前数理化解题差一些。

相较于产业传统运作范畴，AIGC 工具和教研专家相比较，专家能做的，AIGC 工具 90% 能做。专家不能做的，AIGC 工具能做。其能做的内容包括：

- 全学科，AIGC 掌握了人类大部分知识。
- 全媒体，AIGC 可以生产文本、图片、音频、视频、动画、3d 模型等。
- 多语言。
- AIGC 工具内容产出的速度是专家产出速度的 10 倍。
- AIGC 工具工作效率是专家工作效率的 100 倍。
- AIGC 工具可以进行实时内容生产。
- AIGC 工具可以 7×24 小时工作。
- AIGC 工具可以模仿任何专家的风格生产内容。

2. 具象应用场景：了解对企业产生的实际效能

正如前文中我们提到的 AI 技术对于效能 10 倍以上的提升，具体到 D 公司所在的行业，通过各方的共同推导，发现在本行业内，如果实现了 AI 技术的应用，那么行业内则会出现以下情况。

- 转型成功的企业：人力成本降低 2/3，新产品开发时间缩短 2/3，生产效率提高 3 倍，售后服务成本降低 2/3。
- 行业内淘汰 2/3 的旧企业。
- 领域内出现 10 倍的新产品。

- 新产品的更新速度是过去的 3 倍。
- 行业人才结构发生变化。
- 工作方式发生变化，人＋数字化工具、人＋AIGC 工具辅助和 AIGC 工具＋人辅助。
- 行业培训变化，专业技能培训、专业提词（领域 prompt 工程）培训。
- 行业数字人出现，自然交互＋领域专业知识。
- 行业真正的智能硬件出现，人机自然交互。
- 行业内出现革命性、颠覆性的新产品。

通过调查研究，咨询团队发现，AIGC 市场潜力巨大，即将实现多领域应用。据相关数据预测，全球 AI 软件市场规模将在 2025 年达到 1260 亿美元，2021—2025 年年复合增长率为 41.02%。

在大模型的快速迭代推动下，AIGC 市场预计将保持高速增长，市场潜力巨大。生成式 AI 领域在一级市场同样受到青睐，仅仅在 2022 年就有 110 笔创投交易和 ChatGPT 概念有关，投资金额超过 26 亿美元。

预计搜索引擎、办公软件、汽车、媒体、AI 绘画设计、AI 广告营销等应用率先落地的行业将具备较强商业化机会，AI 服务将极大解放生产力，带来行业新模式。

由此可见，AI 技术的引入，不仅对产业自身的发展带来战略性的跨越，也将是未来在全球经济普遍低迷的大环境中，仅有的极具价值的投资标的之一。

通过上述的分析，D公司股东层在行业发展与资本投资等多个维度，达成了高度的共识，一致认为，拥抱AI带来的机遇，不仅是公司发掘第二产业主线的战略路径，同时也是公司实现产融互动、形成以资本的力量快速反哺产业核心竞争力的战略窗口期。

（三）战略分步走：初步确立近期与中期的公司发展目标

作为AI时代的产业应用创新企业，一方面既有AI带来的10倍以上的效率，但是同样的，如果在战略思考与决策上仍然延续传统时代的效率与速度的话，那么战略上的迟缓就将导致公司错失市场机遇。不论做出的决策是否正确，速度跟不上，一切就都晚了。

咨询团队与公司共同秉持着"小步快跑、在奔跑中调整"的思路，不贪大求全，专注于几大战略关键点，梳理出了公司AI产业发展的战略转型方案。

第一步，明确战略方向。

（1）战略盘点：开放耦合地梳理未来的市场、客户、技术、资源、数据、产业链。

（2）行业分析：基于产业趋势与科技的实际商业化能力，找到具象应用场景。

（3）制订转型战略计划。

第二步，战略踏实落地。

（1）选择战略转型路径。

（2）教育 LLM/AIGC 技术研发（明确战略着力点）。

（3）主营产品 AIGC 升级（明确战略着力点）。

（4）营销 AIGC 升级（明确战略着力点）。

（5）组织战略 AIGC 升级（明确战略着力点）。

第三步，战略复盘及市值管理。

（1）对战略执行落地结果进行复盘（根据结果微调战略方向）。

（2）公司市值管理，也就是在产业发展的基础上，从源头就进行产融互动的整体规划，并按此执行。

通过前期公司股东与咨询团队严谨的分析，D 公司在执行 AIGC 战略转型方面，并非一张白纸，基于自身的产业积累，公司具有的六大优势如下。

- 技术先发优势，8 年人工智能技术积累，特别是 NLP 技术，是大模型的基础。
- 团队优势，多年领域的 NLP 经验，有实际项目经验。
- 资源及数据优势，8 年积累了海量的优质内容，可作为教育大模型调优的基础，8 年积累了海量的教学数据，可作为教育大模型的基础训练数据。
- 主营产品低成本快速转型优势，也就是产品可平滑转型 AIGC，时间短（3 个月），成本低（少量开发），并可以持续为智能硬件赋能。
- 渠道优势，学校渠道优势。
- 业务关联优势，出版行业优势、教育管理机构等。

- 行业优势，AIGC+教育天然结合的产业基础。

但是，鉴于 AI 技术的快速迭代与尚处于应用开发初期的特点，咨询团队并没有按照以往的近期、中期、长期划分公司未来三个阶段的战略目标，而是为企业发展留下了充分的思考空间，划定了 D 公司近期与中期需要解决的问题与发展要点。

1. 解决近期六大问题，力争实现公司估值翻倍

要充分利用好资本市场对于"AI+教育"热切关注的历史机遇，公司也要做到"打铁还需自身硬"，仅仅依靠现有产业的战略发展，依然会有被 AI 应用快速发展所淘汰的危险。因此，公司在未来的 1～2 年里需要用好"并购"这个快速扩张的工具，其并购标的从教育行业必须扩展到 IT 行业（软件、硬件、AI、系统集成等）、文创行业等，实现公司的进化战略的转型，增加在资本市场的融资机会，实现公司估值翻倍。

因此，D 公司近期还需要解决六大问题，也就是：

（1）树立企业员工信心；

（2）营销问题；

（3）收费问题；

（4）运营问题；

（5）毛利率问题；

（6）扩张问题。

最终，在1年内，D公司要全面启动教育大模型研发、"AI+"系列产品 AIGC 转型的工作，并且实现将公司转型成为"行业 AIGC 技术及服务供应商"的近期战略目标。

2. 明确 AIGC 转型的核心原则，确保实现公司中期战略价值

AIGC 的转型与发展，是符合国家政策导向的产业趋势，D公司战略转型的核心原则也是围绕着这一趋势，进一步充分利用公司原有优势和潜力，也就是技术先发优势、销售渠道优势与行业经验，充分打造具有公司核心竞争力的既有宽度又有长度的"AI+教育"生态赛道，并最终以产融互动的思维实现与资本市场的对接。

最终，基本实现公司的中期战略目标，也就是：

（1）实现公司的中期战略价值。

①产品纵向、横向市场扩展：新产品扩展到多个市场；

②跨行业扩展：业务扩展到整个教育、出版、文化等多个行业的上下游；

③产品升级、业务全面智能化升级；

④商业模式升级：B2B2C、B2C、B2G、B2B；

⑤生产效率提高数倍：新产品开发周期从6个月缩短为3周；

⑥成本降低：人力成本减少60%；

⑦客户满意度提升：智能客服数字人 7×24 小时服务。

（2）商业模型完成闭环，业绩达预期目标，公司估值翻倍。

最终，在未来两年内，D公司实现开发大模型与 AIGC

新内容产品，并以全新的产品与服务进入新赛道的目标。在公司内部管理上，组织架构、分配制度、人力资源管理体系也完成相应的转型升级。

企业的发展就像在深邃的森林中，不断地寻找适合自己的生存环境，并根据各种变化，调整自身与外部环境的关系，发展各种新的技能，以更快的速度、更高的质量在生存的竞争中活下去、行更远。

当下，我们所看到的 AI 的技术发展、应用开发，从人类文明长河的角度看，或许也只是一个比较闪耀的里程碑。但是，不论岁月如何流逝，不论环境如何改变，有积极主动的进化战略指导的企业与个人，都将通过自身的主动求变与快速进化，在时间的长河中，赢得竞争的优势、实现跨越式的发展。

参考文献

1. 毛泽东. 毛泽东选集 [M]. 北京：人民出版社，1991.

2. 王志纲. 王志纲论战略：关键阶段的重大抉择 [M]. 北京：机械工业出版社，2022.

3. 王明夫，王丰. 高手身影：中国商业原生态实战案例 [M]. 北京：机械工业出版社，2020.

4. 刘慈欣. 三体 [M]. 重庆：重庆出版社，2008.

5. Larry E. Greiner. Evolution and revolution as organizations grow [J]. USA:Harvard Business Review, 1972.

6. ［美］彼得·德鲁克. 德鲁克论管理 [M]. 北京：机械工业出版社，2018.

7. 丛龙峰，张伟俊. 自我觉察：领导力提升的起点与终点 [M]. 北京：机械工业出版社，2022.

8. 杨少杰. 进化：组织形态管理 [M]. 北京：中国发展出版社，2014.

9. 陈雨点. 华为战略解码：从战略规划到落地执行的管理系统 [M]. 北京：电子工业出版社，2021.

10. 谢宁. 华为战略管理法：DSTE 实战体系 [M]. 北京：中国人民大学出版社，2022.

11. ［美］伊查克·爱迪思. 企业生命周期 [M]. 北京：中国人民大学出版社，1997.

12. 梅晨斐. 孵化未来：移动互联时代的孵化器运营逻辑 [M]. 杭州：浙江大学出版社，2020.

13. 陆雄文等. 管理学大辞典 [M]. 上海：上海辞书出版社，2013.

14. 叶峰. 战略复盘 [M]. 北京：经济管理出版社，2016.

15. 吴国盛. 科学历程 [M]. 长沙：湖南科学技术出版社，2018.

16. 李利威. 一本书看透股权架构 [M]. 北京：机械工业出版社，2019.

17. 赵民，张泓翊，仇德涛. 股权激励实操手册 [M]. 北京：人民邮电出版社，2019.

18. 郑培敏. 股权激励的道与术 [EB/OL].https://zhuanlan.zhihu.com/p/302371424 .2020 年 11 月．

19. 房西苑. 资本的游戏（第 2 版）[M]. 北京：机械工业出版社，2012.

20. 华小木. 如何做好战略复盘 [EB/OL]. https://zhuanlan.zhihu.com/p/598207805. 2023 年 1 月．

21.［日］稻盛和夫. 活法 [M]. 北京：东方出版社，2019.

22. 红杉中国. 消费者品牌偏好洞察 [EB/OL]. https://www.sohu.com/a/708619587_121644338. 2023 年 8 月．

23. 翟尤，郭晓静，曾宣玮. AIGC 未来已来：迈向通用人工智能时代 [M]. 北京：人民邮电出版社，2023.

24.［美］杰弗里·摩尔. 跨越鸿沟：颠覆性产品营销指南（原书第 3 版）[M]. 北京：机械工业出版社，2022.

25.［美］斯蒂芬·沃尔弗拉姆. 这就是 ChatGPT！[M]. 北京：人民邮电出版社，2023.